本书为北京交通大学基本科研业务费人文社科专项基金项目（规划项目）"综合行政执法改革中裁量基准的实践困境及其优化路径研究"（项目编号：2024JBWG015）的阶段性研究成果。

政策裁量
司法审查研究

RESEARCH ON THE JUDICIAL REVIEW OF
POLICYMAKING DISCRETION

黄　琳◎著

知识产权出版社
全国百佳图书出版单位
—北京—

图书在版编目（CIP）数据

政策裁量司法审查研究/黄琳著. —北京：知识产权出版社，2024.7. —ISBN 978 – 7 – 5130 – 9438 – 2

Ⅰ. D926.34

中国国家版本馆 CIP 数据核字第 2024MM0582 号

责任编辑：武　晋　　　　　　　　　责任校对：谷　洋
封面设计：邵建文　　　　　　　　　责任印制：孙婷婷

政策裁量司法审查研究

黄　琳　著

出版发行：知识产权出版社有限责任公司	网　　址：http://www.ipph.cn
社　　址：北京市海淀区气象路 50 号院	邮　　编：100081
责编电话：010 – 82000860 转 8772	责编邮箱：windy436@126.com
发行电话：010 – 82000860 转 8101/8102	发行传真：010 – 82000893/82005070/82000270
印　　刷：北京建宏印刷有限公司	经　　销：新华书店、各大网上书店及相关专业书店
开　　本：720mm×1000mm　1/16	印　　张：14.25
版　　次：2024 年 7 月第 1 版	印　　次：2024 年 7 月第 1 次印刷
字　　数：210 千字	定　　价：98.00 元

ISBN 978 – 7 – 5130 – 9438 – 2

序一

　　黄琳的博士论文与行政裁量有关，相关内容还在《政治与法律》上发表过，是关于行政解释的。她获得过"应松年奖"，这是行政法学界的"诺贝尔奖"。对青年学子来说，该奖项含金量很高，竞争激烈。黄琳从浙江大学法学院毕业后，负笈北上，在我门下做博士后研究，继续研习行政解释和行政裁量问题，将目标锁定在政策裁量的司法审查上。其间，她发表了不少很有创意的论文。博士后出站后，黄琳顺利入职北京交通大学法学院，执掌教鞭，和我一样，成了一名"教书匠"。我觉得，教书挺好的。我的导师许崇德老师就经常自我介绍："我就是一个教书的。"

　　黄琳还参加了我主持的《价格违法行为行政处罚规定》的研究与修订工作。这是国家市场监管总局价监局委托的项目。黄琳在这项课题的研究中发挥了重要作用，组织协调、联络沟通，得到了价监局的表扬。我们与价监局合作的研究成果也获得了"薛暮桥价格研究奖"一等奖。这是价格理论研究领域的最高奖项。

　　行政裁量是行政法理论研究中的"一项皇冠"，魅力无穷，精致复杂。尤其是对行政裁量的司法审查，具有很大的挑战性。最高人民法院迄今都没有对此作出过详细的司法解释，由此可见，研究难度之大，理论分歧之巨。黄琳博士后出站后继续钻研，久久为功，善作善成，完成了本书，其中有不少新意，值得期待。在本书付梓之际，我应黄琳之约，作个短序，一为恭喜祝贺，二是期望她百尺竿头更进一步。

余凌云

2024 年 7 月 1 日于禧园

序二 穿梭于政策与规范之间的行政法治

　　当古德诺将国家的功能区分为政治与行政时，行政法便有了独立的规范对象。政治，是国家意志的表达；行政，则为国家意志的执行。行政机关在执行法律的过程中，虽被赋予解释不确定法律概念与选择法律效果的裁量权，但这些权力均处于立法者预设的法律框架之内，看似与政治无关，与价值无涉。然而，正如古德诺在《政治与行政：一个对政府的研究》一书中所指出的，"现实的政治需要国家意志的表达和执行应当有所协调"。政治与行政之间并不存在非黑即白的界限，两者的交互无时不在发生。最典型的，莫过于以政策形式表现出来的政治对行政的影响与渗透。过往的行政法学研究，对于这种影响与渗透，有时采用简单的无视或拒绝的态度。但这种立场无益于真正理解行政改革发生的深层原因，无助于通过行政法治推动国家治理变革。只有观照政策对行政的牵引与羁绊，才能回应真实的行政世界，也才能将政策发挥作用的路径纳入到法治的轨道上来。

　　黄琳博士敏锐地捕捉到政治与行政既彼此独立，又互相影响的关系，借助政策对行政裁量的影响，观察社会变革关键时期两者的作用机制，并试图通过揭示政策裁量司法审查的运作机理，探讨司法应该如何面对行政权行使过程中的政策考量，在政策、行政与司法之间寻找权力分工与协作的妥适机制。通读全文，可以发现，书作有以下明显特征：

一是搭建起了政策裁量的基本原理和框架，有助于推进、深化对行政裁量概念的理论研究和实践探索。行政裁量一直以来都是行政法学的研究"重镇"，政策裁量则是行政裁量"大家族"中的一个分支。为充分把握行政裁量的内在机理，多年来学界围绕行政裁量所彰显的立法授权以及法院面对行政裁量时的审查路径与审查强度展开了广泛而深入的研究，但专门讨论政策裁量的研究成果较为少见。当下中国正处于伟大变革的进程中，在这样的时代背景下，如何正确解读隐藏在行政解释背后的政策裁量，便成为行政法学研究，尤其是行政裁量研究领域的重要议题。因此，本书围绕政策裁量进行了专门且深入的研究，并基于大量的本土司法实践对政策裁量这一命题作出了独具特色的解读。具体而言，本书从学理和实践两个角度观察政策裁量的理论内核、内在价值与现实需求，并对其在行政解释过程中所发挥的功能效应加以评析，对政策裁量的概念、内涵、运行机制、产生原因、效用影响等理论问题进行了深入探索和分析，可以为传统的行政裁量研究提供新的理论工具和视角。

二是成功把脉我国政策裁量司法审查的现状、困境与根源，构建起了面向本土问题的政策裁量司法审查框架，有助于推进行政法学研究角度的革新。回溯我国法治建设的特殊历史背景，涉及政策裁量的内容一直是行政解释中的重要组成元素。政策裁量是行政机关在法律适用过程中无法回避的要素。从本质上来说，行政裁量是行政机关行使行政职能、协调法治和政治的关系、保障实质正义实现的一种手段和工具。而政策裁量的实质则是利益衡量过程，即通过对裁量过程中所涉及的各种不同利益的协调和权衡，以实现各利益共同"最大化"，并最终达成其实体内容的"均衡合理"。行政机关及其工作人员在具体的行政执法过程中，既需要把握自身行政行为的合法性，也需要考虑在法规创造的裁量空间内提供最易为行政相对人所接受的行政行为。因此，不同于其他类别的裁量权，行政机关在行使行政裁量权时，不仅仅是在填补法律文本中的空白或是在立法者意图的基础上作延伸，也不仅仅是单纯地致力于探究法律文本的字面意义，而是同时着眼于将单薄的法律规范与丰富的个案事实相互映照，进而实现法条背后的政策意图。在政策裁量的影响下，当面对特殊问题时，行政机关可以通过政策裁量过程来实现公共政策的价值导向。本书在进行概念分析的同时，也注重制度形成和学理推进，以具有典型性、真实性的案例为分析样本，在深入剖析判决书的基础上，从制度与理论的角度思考行政解释中的政策裁量在司法审查中的运行现状与深层机理，以此来形塑该类型案件的审判逻辑，并为司法实践提供了一个稳定的、可操作的法律框架，具有研究视角革新意义上的价值。

三是以众多判例为基础检视政策裁量的司法审查问题，在规范和个案的互动中建构本土政策裁量司法审查理论框架。一方面，本书对最高人民法院发布的指导性案例、公报案例、行政审判案例等相关素材作了系统梳理，从中精选十余个涉及政策裁量的判决文书，并对这些判例作了较为详细的分析，以此来检视我国政策裁量的内在机理。另一方面，本书还特别关注了美国行政法学界对于政策裁量的分析，从比较法的角度切入，整理并运用了大量美国法中的典型案例，分析了美国的政策裁量司法审查的不同思路及其背后的生发土壤与学术脉络。

这本自黄琳在博士期间就确定选题的书作，历经求学时代的探索、在美深造时的比较、博士后阶段的追问、入职之后的反思，终于要与读者见面了。我作为她的博士生导师，甚是欣喜。期待这部作品搭建的兼具理论性与实践性的本土化政策裁量司法审查理想框架，能为司法机关今后面对类似问题时提供"智识资源"。

郑春燕

2024 年 7 月 3 日于杭州

目 录 contents

第一章

绪　论

第一节 研究背景

一、"运动式"执法背后的政策裁量影子

2017 年，媒体报道了一起事件，张某在网络平台发布帖子抱怨某医院餐厅质差、价贵、量少，因"涉嫌虚构事实、扰乱公共秩序、对医院工作造成恶劣影响"被行政拘留。[①] 该事件引发网络热议，媒体也纷纷发表评论。后来，当地公安局撤销原处罚决定，并对相关责任人追责。

乍一看，事情本身已经画上句号，但其背后的缘由仍然值得深思，从此次事件中不难看到其背后的"运动式"执法影子。尽管"运动式"执法在特定时期发挥了一定的治理功能，但其更多的是饱受诟病并时常引发矛盾，原因在于"运动式"执法往往"使纷繁复杂的社会问题简单化处理，难以满足不同群体的利益诉求，更坏的结果则可能是政策的执行者为了追求政绩工程而制造虚假事实，社会问题没有得到根本解决"[②]。从前述"吐槽"食堂事件的经过可以发现，执法过程中对于《中华人民共和国治安管理处罚法》第 25 条第（一）项中的"散布谣言""以其他方法故意扰乱公共秩序"等不确定法律概念的理解掺杂了

[①] 屈畅：《网友吐槽医院食堂被拘留》，载《北京青年报》，2017 年 8 月 20 日第 A6 版。

[②] 陈毅：《中国转型社会的国家治理有效性：基于国家自主性的视角》，载《社会科学》，2013 年第 1 期，第 38 - 47 页。

大量政策考量。

无独有偶,在其他类似事件中,行政解释的背后也或多或少都隐匿着政策裁量的影子。例如,深圳开展的"禁摩限电"行动,体现了保障安全与畅通、维护城市交通秩序的政策目的;① 重庆在春节前开展的"欠薪治理百日攻坚战",旨在通过集中全面排查来化解欠薪风险隐患;② 沈阳的"打假重罚"专项治理活动目的可以理解为当地政府为次年开展的全运会做准备;③ 深圳开展的"控烟执法督查"工作体现出行政管理部门对吸烟隐患的判断,试图通过控烟处罚的手段来增强市民的禁烟意识,保障公共安全。④ 这些事件或多或少证实了学者的论断:"'运动式'执法的生命力在于行政因素与政策因素的相互交织:政策虽不是法律,但它构成了行政执法人员理解行政法律规范的社会背景与具体情境。"⑤

在我国的行政执法活动过程中,政策裁量或直接或间接地在行政解释中扮演着重要的角色,对行政决定具有一定的引导作用。党的十八届三中全会指出,全面深化改革的总目标是完善和发展中国特色社会主义制度,推进国家治理体系和治理能力现代化。党的十九大报告提出:"建设法治政府,推进依法行政,严格规范公正文明执法。"可见,对行政解释中的政策裁量过程进行理性规制具有重要性和紧迫性。

---

① 参见"'禁摩限电百日行动'打响首战",网址:http://news. sina. com. cn/c/2013 - 03 - 21/083926597036. shtml,最后访问时间:2024 年 5 月 24 日。

② 参见《重庆市根治拖欠农民工工资工作领导小组办公室关于开展欠薪治理"百日攻坚战"暨根治欠薪冬季专项行动的通知》(渝治欠办〔2023〕12 号),网址:https://rls-bj. cq. gov. cn/zwxx_182/tzgg/202311/t20231124_12602521_wap. html,最后访问时间:2024 年 5 月 24 日。

③ 参见"沈阳大量商铺关门'避检','打假'重罚传言引恐慌",网址:http://news. cntv. cn/20120807/115765. shtml,最后访问时间:2024 年 5 月 24 日。

④ 参见"深圳控烟执法督查,本月将向写字楼'开刀'",网址:http://sz. chinadaily. com. cn/2017 - 06/01/content_29576994. htm,最后访问时间:2024 年 5 月 24 日。

⑤ 郑春燕:《行政裁量中的政策考量:以"运动式"执法为例》,载《法商研究》,2008 年第 2 期,第 62 - 67 页。

回顾我国现有的行政解释理论可以发现，尽管行政解释在我国行政法学界早已不是新鲜的话题，但现有的研究成果在研究对象与研究方法上具有明显的倾向性。

行政解释的产生涉及两个方面：集中解释和个案解释。我国的集中解释形式繁多、涉及面广，常被冠以各种名称并以各种形式出现，如行政规范性文件。综合考虑，可以将集中解释大致归纳为地方政府规章、复函或答复、意见、通知、应用解释等若干类别。[①] 个案行政解释是基于行政决定的高度情境化的解释，即行政机构在执行行政任务的过程中对相关法律、法规、规章等现行有效的法条所作的解释，如行政决定。相比较而言，集中解释具有普适性、长期性的特点，不针对具体某一案件的特定事实；而个案行政解释是针对特定对象所作出的，其法的效力仅适用于该个案所涉及的行政相对人与第三人。我国行政法学界对于行政解释的研究过于宏观，过于关注集中解释下的行政解释，而忽视了现代行政国家语境下已大量存在的个案解释，少有学者从规范的角度分析个案行政解释的内在机理与构成，更遑论对个案行政解释中的政策裁量作深入的探索和剖析。

这种理论建构的不平衡在实践中已经产生了一定的弊端。一方面，我国行政法学界就个案行政解释这一议题没有与行政实务界进行充分的沟通对话。实践显示，当案件争议涉及具体的行政解释时，法院在案件审理过程中会对其予以特别关注。然而，行政法学界对此并未予以应有的重视。虽然也有学者针对特定类型的个案行政解释进行群案研究，[②]

---

① 胡敏洁：《专业领域中行政解释的司法审查：以工伤行政案件为例》，载《法学家》，2009 年第 6 期，第 126 – 133、157 页。

② 黄娟：《论行政法规范解释的司法审查：基于 90 个工商行政管理案例的分析》，载《华东政法大学学报》，2012 年第 6 期，第 45 – 58 页；赵天：《融贯性解释在专业行政领域中的应用：以"突发疾病"工伤认定条款的解释为例》，载《中国社会科学院研究生院学报》，2021 年第 3 期，第 60 – 70 页。

但综合而言，研究强度远不如对于集中解释的研究。另一方面，法理论研究与司法实践的脱节导致有关个案解释的内在特质与运行逻辑得不到圆满的阐释，遑论司法实践的统一。更重要的问题还在于，个案解释的司法审查模式与集中解释的司法审查模式有何不同、如何探寻这种差异的生发土壤，这些问题都有待研究解决。

二、司法介入的界限与亟待完善的政策裁量审查体系

基于以上考虑，当下困扰我们的命题便是：面对行政解释中的政策裁量，法院的审查权力究竟能够延伸至何处，以及司法需要保持何种程度的尊重？

个案行政解释司法审查进程折射出行政权与司法权的博弈。不同于西方分权制衡理论下的"行政－司法"彼此制衡的关系，我国法院与行政机关之间的互动属于工作上的配合监督关系。《行政诉讼法》第70条涉及6类司法审查标准：事实标准、程序标准、合法性标准、明显不当标准、滥用职权标准、超越职权标准，[①] 其中与个案行政解释中的政策裁量司法审查密切相关的是合法性标准、明显不当标准、滥用职权标准、超越职权标准。有鉴于此，本书从"建构我国政策裁量司法审查的理想框架"这一目标出发，跳出前述集中解释研究思路的藩篱，以合法性标准、明显不当标准、滥用职权标准三类标准为基点展开研究。具体论证如下。

（1）合法性是个案行政解释司法审查的起点与终点。合法性审查的

---

① 《中华人民共和国行政诉讼法》第70条规定："行政行为有下列情形之一的，人民法院判决撤销或者部分撤销，并可以判决被告重新作出行政行为：（一）主要证据不足的；（二）适用法律、法规错误的；（三）违反法定程序的；（四）超越职权的；（五）滥用职权的；（六）明显不当的。"

困境在于"法"的确定，即如何确定立法者是否具有授权行政机关进行解释的意图。这同时也是文本主义者与意旨论者交锋的主要立场范围。文本主义者和意旨论者的纷争也体现了形式法治与实质法治的对立。此时，研究的重心是以最高人民法院发布的指导性案例、公报案例、行政审判案例等司法实践案例为素材，通过规范分析和判决理由剖析两个方面来刻画审判实践中个案行政解释合法性审查的运行逻辑。

（2）法院从明显不当标准入手，审查行政解释中的政策裁量的合理性。这一步的难点在于如何确定行政解释是否属于明显不当。综合考虑，可以从以下几方面进行判断：是否蕴含了已有的制度记忆；是否属于长期施行的行政惯例；是否属于行政机关的判断余地；是否经过行政机关的深思熟虑；是否涉及重要问题。另外，若综合考虑上述因素后仍无法确定涉案行政解释是否合理，还有一种可行的办法是采用判断过程审查模式。

（3）通过滥用职权标准对个案行政解释中的政策裁量内容进行解读。滥用职权标准的适用难点在于如何将其与明显不当标准、超越职权标准进行区分。更进一步而言，需要回答"是什么因素导致个案行政解释司法审查数个标准之间的转换"，以及"如何有效发挥滥用职权标准在个案行政解释司法审查进程中的功效"。

如若能够实现上述论证目标，本书将具有如下实践意义：在检视当下行政解释研究现状的同时，为建构本土化的个案行政解释司法审查理论模型提供可能的出路。理论模型的建构，一方面可以为鲜活的法院判决提供有力的支持与说明，另一方面也可以保障个案行政解释的制度功能得到有效的发挥。

本书以涉及行政解释的判决文书为考察对象，较以往总论式的行政解释研究更为深入具体。同时，厘清个案行政解释相较于行政规范性文件的特殊性，并以此视角检视我国个案行政解释的内在机理，在二者的互动中建构我国行政解释司法审查理论框架。行政解释对于我国学者而言并非一个新话题，但多数学者仅将关注点聚焦于行政规范性文件。这些研究成果虽然解决了规范性文件司法审查的问题，但其结论往往过于宏大，解决方案浮于表面，无法解决个案中亟待解决的问题。因此，本书尝试围绕个案行政解释进行专门且深入的研究，并作出适当的推广，试图借此对行政解释这一宏大的命题作出适合我国国情的解读。在案例研究方面，本书对最高人民法院发布的指导性案例、公报案例、行政审判案例等相关素材进行梳理与解读，希冀从中抽取出个案行政解释司法审查路径的共性特征。在研究本土素材的同时，关注英美行政法学界对于个案行政解释的分析，对案例进行分析，考察案例中反映的个案行政解释司法审查的生发土壤以及其中蕴含的学术脉络。通过比较分析对个案行政解释进行研讨，必然会进一步丰富已有的研究成果，从而有利于对行政与司法间的互动作出更为生动的诠释。

第二节　研究对象

一、不确定法律概念

众所周知，由于立法者有限的主观认知能力和客观事物的复杂性，法概念甚或法律本身都必须具备"一般性"的特质，以便法律能够因应各种不同的个案情境。① 正因如此，立法者在制定法律文本时往往会选择使用若干不确定法律概念，即"未明确表示而具有流动的特征之法律概念，包含一个确定的概念核心以及一个多多少少广泛不清的概念外围"②。一般而言，不确定法律概念可分为两类：经验（或叙述）概念和规范（或需要填补偿值）概念。经验概念乃涉及实际的标的、事件，即涉及可感觉的或其他可体验的客体，如黎明、夜间、危险、干扰等。反之，规范概念则缺乏此种实际的关系，而必须经由评价态度才能阐明其意义，此种评价态度不可避免地内含主观的因素。③

过去数年间，学者们致力于讨论如何将不确定法律概念的内涵在语义上确定下来。例如罗伊斯主张，对不确定法律概念的理解仅存在唯一正确的答案。"法律本身已设定好一切答案。立法者其实系将客观上已存在于社会共同体的价值观作为概念内容的填补，因此法的适用者只能去探求并依循这个既定的、已客观存在的价值作为其决定基础，他并不能以自己的主观价值作为判断的依据。"④ 显然，这种传统见解的产生是基于对法律"先决性"的预设。传统见解认为，唯有内容十分具体明确的法律规范，才能有效拘束行政决定，才能完整落实依法行政；即便是为了法适用的弹性而不得不容许的不确定法律概念，若要拘束行政机关，其内容也必须具有可资确定的潜力，否则不但行政恣意难以避免，法院也将无法站在一个客观基础上，判断行政决定是否合法。⑤ 然而，

---

① 黄舒芃：《法律授权与法律拘束：Hans Kelsen 的规范理论对德国行政法上"不确定法律概念"拘束功能的启示》，载黄舒芃：《框架秩序下的国家权力：公法学术论文集》，新学林出版股份有限公司 2013 年版，第 4 页。

② 翁岳生：《行政法》（上册），中国法制出版社 2009 年版，第 248 页。

③ 翁岳生：《行政法》（上册），中国法制出版社 2009 年版，第 248 页。

④ 盛子龙：《行政法上不确定法律概念具体化之司法审查密度》，台湾大学法理学研究所博士论文，第 50 页。

⑤ 黄舒芃：《法律授权与法律拘束：Hans Kelsen 的规范理论对德国行政法上"不确定法律概念"拘束功能的启示》，载黄舒芃：《框架秩序下的国家权力：公法学术论文集》，新学林出版股份有限公司 2013 年版，第 5 页。

细致考察即可发现，这样的处理方式忽略了语义解释的复杂性。"一般语言富有弹性，饱含细微的差别，并且具有适应性，这些特质是优点也是缺点。它们造成的结果是：仅由语言用法本身不能获得清晰的字义。反之，它会有或多或少的意义可能性及意义变化可能性。"① 试图在法律适用过程中对不确定法律概念的内涵作精准表述，往往只能获得事倍功半之效。

我们不得不承认，不确定法律概念在内容上确实是无法确定的。然而，这并不代表不确定法律概念因此不具备其他闪光点。事实上，"不确定法律概念朝向开放的规范内涵，并不只是为了让行政机关享有更大的具体化空间，也是为了借由这种开放、不确定的规范结构，要求行政机关致力于实现法律所追求的目的。换言之，法律进行授权的同时，也在课与行政机关法律义务。"② 由此可知，不确定法律概念所蕴含的法律授权意图更值得重视。一方面，在社会生活日益复杂、行政任务逐渐复杂多样的发展趋势之下，不确定法律概念的宽泛外延赋予了行政机关自主判断的自由，使得行政机关有机会在具体的个案情境中发挥其专业特长；另一方面，法律通过不确定法律概念的授权向行政机关施加了实现社会管理目标、维护社会公益的任务，以此来落实对行政的拘束。"若从这个角度出发，我们也许更可以看出，不确定法律概念在授权行政机关自主判断的同时，恰恰也在要求行政机关必须实践立法者透过不确定法律概念所勾勒朝向未来不断变化、调整与重新妥协的前景。就这个意义而言，不确定法律概念规范内涵的'不确定性'，或许反而是法律借

---

① ［德］卡尔·拉伦茨：《法学方法论》，陈爱娥译，商务印书馆 2003 年版，第 201 页。

② 黄舒芃：《法律授权与法律拘束：Hans Kelsen 的规范理论对德国行政法上"不确定法律概念"拘束功能的启示》，载黄舒芃：《框架秩序下的国家权力：公法学术论文集》，新学林出版股份有限公司 2013 年版，第 25 页。

以拘束当代自主行政的一项利器。"①

由此可知，不确定法律概念具有双重属性：一方面，不确定法律概念的内涵与外延不易作精确的界定，即不确定法律概念的规范内容具有开放性与不可确定性；另一方面，这种开放性体现了立法目的与意图，立法者通过不确定法律概念授权行政机关完成行政任务，以此实现对行政决定的拘束作用，此即不确定法律概念的授权内涵。

二、行政解释

"解释是任何规则适用的一个不可或缺的步骤。"② 为适应转型期日趋复杂的社会现实，制定法通常具有高度抽象性与概括性。在具体适用中，这些规范语义内容包含一定程度开放性的不确定法律概念须经由解释才能与案件事实彼此契合。在这一思维方式下，法律解释是立法完成后使法律语言从模糊走向明确的必经之路。③ 在此过程中，法院无疑是绝对的权威机构，但实践证明行政机关的解释功能同样不可忽视。在现代行政国家，随着国家治理体系和治理能力现代化的推进，行政管理逐渐朝向精细化发展，各类带有浓厚技术性的专业领域更是格外依赖行政机关的专业知识和相关解释。"解释成为行政必不可少的部分，因为行政资源中的语言内涵经常是模糊的、不确定的或抽象的。行政机关的首长与职员为工作便利，必须消除这些不确定性因素，以及减少抽象性而

---

① 黄舒芃：《法律授权与法律拘束：Hans Kelsen 的规范理论对德国行政法上"不确定法律概念"拘束功能的启示》，载黄舒芃：《框架秩序下的国家权力：公法学术论文集》，新学林出版股份有限公司 2013 年版，第 30 页。

② ［英］维尔：《宪政与分权》，苏力译，生活·读书·新知三联书店 1997 年版，第 313 页。

③ 杨颖：《立法语言：从模糊走向明确》，载《政法论丛》，2010 年第 6 期，第 43－49 页。

尽量具体化。"① 也正因如此，法院如何对待这类行政解释成为学界广泛关注的话题。不少学者著文立说，建议法院适用"谢弗林尊重"原则（Chevron deference），遵从行政机关在其专业领域内作出的解释。②

如前所述，不确定法律概念内涵的开放性与不确定性，并不影响立法拘束行政决定的能力。法律不是，也不应该是一整部内容充实饱满、可以为所有个案正义预设标准解答的规定汇编，而是一套允许行政机关拥有裁量空间的框架。具体而言，法律对行政机关形成拘束的重点并不在于规范内容是否已经提供或者可以通过解释提供具体案例的答案，而在于法律的授权是拘束的根源。由此可知，法律框架的作用在于在承认行政自主空间的同时，也为这种自主空间设定了界限。③ 也正因为如此，较之纯粹的文义辨析，或是试图消除各种"不确定规范要素"的努力，考量并实现不确定法律概念所蕴含的立法原意与授权意旨更为重要。

与此同时，"在法律解释有疑义的灰色地带，应考虑'情理法'兼顾，使法律规定的内涵'通情达理'，不仅符合事件本质的合理性（所谓'达理'），也与有理性的国民之法律感情大致相当（所谓'通情'）。"④

"法院的关注焦点，并不该是不确定法律概念的规范内容本身，而应该是不确定法律概念透过完整的规范内容所揭示的授权内涵。因为，

---

① Michael Asimow: *Nonlegislative Rulemaking and Regulatory Reform*, 载 *Duke Law Journal*, 1985 年第 4 期, 第 381－426 页。

② "谢弗林尊重"原则源自 1984 年的"谢弗林诉自然资源保护委员会案", Chevron U. S. A. Inc. v. National Resources Defense Council, Inc., 467 U. S. 837 (1984)。

③ 黄舒芃:《法律授权与法律拘束: Hans Kelsen 的规范理论对德国行政法上"不确定法律概念"拘束功能的启示》, 载黄舒芃:《框架秩序下的国家权力: 公法学术论文集》, 新学林出版股份有限公司 2013 年版, 第 125 页。

④ 翁岳生:《行政法》（上册）, 中国法制出版社 2009 年版, 第 213－214 页。

后者才是足以作为法院控制行政行为、维护依法行政的审查基准。"① 在专业分工日益复杂的现代行政国家中，不确定法律概念的开放性内涵与授权内涵逐渐成为立法者拘束行政机关的有效途径。在这套框架秩序当中，行政机关一方面基于法律框架的授权，可以在作出决定的过程中，享有一定程度的政策形成自由；另一方面也因为其拥有来自法律框架的授权，所以其自由的形式必须受到法律框架的拘束，更具体地说，就是必须符合法律授权的意旨。② 就此而论，法院审查的重点应聚焦于行政机关是否回应不确定法律概念所蕴含的立法意图、是否履行了不确定法律概念通过授权要求行政机关达成的任务。

三、"政策"的含义

古汉语中通常将"政"与"策"两个字分开使用，而非固定的词组。"政"，其本义为"规范、控制"，古文中有"政者正也"的表达；③ "策"，其本义为"计谋、策略"，有的书上有"每与谋策画，多善"的表述。④《现代汉语词典》中将"政策"定义为"国家或政党为实现一定历史时期的路线而制定的行动准则"⑤。随着时代变迁，"政策"一词的内涵也在不断变化。单从概念上来看，"政策"似乎可以与"策略""战略""路线"等概念相互混用。但在具体使用上，这几个概念之间又

① 黄舒芃：《法律授权与法律拘束：Hans Kelsen 的规范理论对德国行政法上"不确定法律概念"拘束功能的启示》，载黄舒芃：《框架秩序下的国家权力：公法学术论文集》，新学林出版股份有限公司 2013 年版，第 28 页。
② 黄舒芃：《法律授权与法律拘束：Hans Kelsen 的规范理论对德国行政法上"不确定法律概念"拘束功能的启示》，载黄舒芃：《框架秩序下的国家权力：公法学术论文集》，新学林出版股份有限公司 2013 年版，第 125 页。
③《论语·颜渊》。
④《文选·晋纪总论》。
⑤ 中国社会科学院语言研究所词典编辑室：《现代汉语词典》（第 6 版），商务印书馆 2013 年版，第 1664 页。

有细微的差别：政策强调引导，策略注重实施，战略关注规划，路线突出总体目标。①

　　不同的领域需要不同的政策。依照不同的分类标准，可以将"政策"这一大概念分为以下几类：从政策内容上看，大致可分为政治政策、经济政策、文教政策、科技政策、公共政策等；从各政策间的隶属关系来看，可以分为总政策、基本政策、具体政策等；从政策的制定主体来看，可以分为国家政策、执政党政策、立法政策、执法政策和司法政策等；根据部门法的不同，可以将法学领域的政策分为刑事政策、民事政策、行政政策等。更直接地说，"政府运用公共权力和公共资源对社会施加影响的行为都可以被视作政策"②。例如，政府对于社会发展目标所作的长期规划与声明、面向未来所设定的准则性路线、重要的国家行动方案等内容。③ 总体而言，政策"为我们所见的事物贴上标签，这样我们能够以一种特殊的方式来理解这些事物"④。

　　在生活中，人们往往将"政策"与"公共政策"相混同。诚然，当我们把政策制定者限定为行政机关时，从国家层面来讲，"政策"与"公共政策"之间差异不大。但事实上，政策是旨在实现集体目标或保护群体利益的决定，是基于各种价值的集合体而作出的决定，不专注于解决个体的问题；与之相对的非政策则是指为了保护特定个人权益而作出的决定。⑤ 政策种类繁多，制定政策的主体也各有不同，可以是政府、政党、社会团体，也可以是企业、学校、医院等基层性组织。相反，公共政策主要由代表公众和民意的政府机关制定，在内容上着重突出政策

　　① 陈潭：《公共政策学》，湖南师范大学出版社 2003 年版，第 4 页。
　　② 顾建光：《公共政策分析学》，上海人民出版社 2004 年版，第 8 页。
　　③ ［澳］欧文·E. 休斯：《公共管理导论》，张成福、马子博等译，中国人民大学出版社 2007 年版，第 133 页。
　　④ ［英］H. K. 科尔巴奇：《政策》，张毅、韩志明译，吉林人民出版社 2005 年版，第 24 - 26 页。
　　⑤ Ronald Dworkin：*Hard Cases*，载 *Harvard Law Review*，1975 年第 88 卷，第 1057 - 1058 页。

的价值中立性。① 由此可知，公共政策是政策的下位概念。为使内容的讨论更为聚焦，本书将研究对象限定为"公共政策"。

四、公共政策及其准法律属性

（一）作为行政解释考虑因素的公共政策

探索公共政策嵌入行政解释的过程，首先需要明确公共政策的内涵。当前，学者们对于"公共政策"的研究成果各有千秋，目前尚未形成统一的说法。结合已有的文献资料来看，学界对于公共政策的定义大致涵盖以下几类。

第一类定义强调公共政策的"管理职能"和法规范属性。"管理职能"型定义认为，公共政策是政府从自身利益和公众利益出发进行具体管理、为解决社会发展中的重大问题而实施的规范控制手段。美国学者伍德罗·威尔逊（Woodrow Wilson）和戴维·伊斯顿（David Easton）便是其中的代表人物。他们主张，"公共政策是具有立法权的政治家制定出来的由公共行政人员所执行的法律和法规"②，以及"公共政策是对全社会的价值所作的权威性分配"③。

第二类定义特别关注公共政策的"活动过程"。以公共政策的创始人之一哈罗德·拉斯韦尔（Harold D. Lasswell）与决策论研究者詹姆斯·安德森（J. E. Anderson）为代表，支持这类界定的学者们一致认为，公共政策是包括作出决定及实施等环节在内的、具有明确目标的、连续性的活动过程。其中的经典论断包括："公共政策是一项含有目标、价

---

① 陈潭：《公共政策学》，湖南师范大学出版社 2003 年版，第 4 页。
② 伍启元：《公共政策》，香港商务印书馆 1989 年版，第 4 页。
③ D. Easton：*The Political System*，Knopf Publishing Group，1953 年版，第 129 页。

值与策略的大型计划"①，以及"公共政策是一个有目的的活动过程，而这些活动是由一个或一批行为者，为处理某一问题或有关事务而采取的"②。

第三类定义则着重突出公共政策的"行为准则"功能。与前两类定义不同的是，大多数是国内学者在为公共政策的"行为准则"型定义鼓与呼。根据这一类定义，公共政策的核心内容是行政机关制定的引导个人和团体的行为准则。例如，学者陈振明认为："政策是国家机关、政党及其他政治团体在特定时期为实现或服务于一定社会政治、经济、文化目标所采取的政治行为或规定的行为准则，它是一系列谋略、法令、措施、办法、方法、条例等的总称。"③ 又如学者张金马提出："政策是党和政府用以规范、引导有关机关团体和个人行动的准则或指南。"④ 再如学者伍启元指出："公共政策是一个政府对公私行动所采取的指引。"⑤

不同于上述三类总括性的概念界定，第四类定义主张通过分类式的概括列举来描绘公共政策的内涵范围。其中，一部分学者基于公共政策产生过程与创制主体的区别提出，我国的公共政策可以分为四大类，即中央机关制定的宏观政策性文件、执法过程中发布的政策性文件、地方政府的行政规范性文件、临时性政策；⑥ 另有一部分学者认为，政策包括通过其他规范性文件制定程序制定的非法律规范性的政策文件、通过行政决策程序制定的政策文件、没有经过其他规范性文件制定程序或行

---

① Harold D. Lasswell, Abraham Kaplan: *Power and Society*, Mc Graw-Hill Book Co., 1963 年版，第 70 页。

② [美] 詹姆斯·E. 安德森：《公共决策》，唐亮译，华夏出版社 1990 年版，第 4 – 5 页。

③ 陈振明：《政策科学：公共政策分析导论》，中国人民大学出版社 2003 年版，第 13 页。

④ 张金马：《政策科学导论》，中国人民大学出版社 1992 年版，第 19 – 20 页。

⑤ 伍启元：《公共政策》，香港商务印书馆 1989 年版，第 1 页。

⑥ 周佑勇、尹建国：《行政裁量的规范影响因素：以行政惯例与公共政策为中心》，载《湖北社会科学》，2008 年第 7 期，第 137 – 142 页。

政决策程序制定的政策文件。①

综观上述几类有关公共政策的定义，我们不难发现，这些定义各有特色：总括性的概念界定有助于我们更好地把握公共政策的内涵，但含糊的范围界定缺乏明确性；分类式的概括列举则可以为我们研究公共政策在法律问题中的适用提供导引，但在内容上间或产生重叠。综合考虑这些定义，我们可以将公共政策的实质归纳为：以解决公共问题为取向的、以政府及其公共部门为主导的、以公共权力的运用为依托的、以维护公共利益为目标的动态活动过程。②

现有的研究承认公共政策介入行政执法和司法职能的事实，但鲜少有研究关注公共政策在法律解释中的功能。故此，本书关注公共政策在个案行政解释中的运用，着重探讨政策裁量在行政解释中的功能角色。特别需要说明的是，为更好地聚焦话题，本书将行政解释过程中的政策裁量对象限定为行政机关制定的公共政策。

（二）公共政策的准法律属性

国内外学者都不约而同地注意到了公共政策在行政执法活动中的特殊地位。事实上，法与公共政策之间的关系一直都是现代行政国家法律实践中的一个重要议题，对我国而言更是如此。在了解了公共政策的内涵及分类后，沿着这一思路，我们将目光转向公共政策与法的关系。

当面对混沌难解的事实时，我们的首要选择都是查找现有的法律条文。可以说，"在法律议论纷纷攘攘的广场上，法律条文是最大的一个

———————

① 张建国：《作为行政裁量影响因素的政策及其司法审查》，浙江工商大学博士学位论文，第 15 - 16 页。

② 胡宁生：《现代公共政策学：公共政策的整体透视》，中央编译出版社 2007 年版，第 9 页。

声音"①。"政策"这一表述最初由在西方求学的爱国进步人士传入中国,② 而后逐渐染上了几分政治色彩。政策在我国的法治建设进程中发挥着重要作用,"深入到社会生活的各个角落,是当代中国非常重要的一个规范体系"③。20 世纪七八十年代,我国的法治体系尚未健全,曾将政策作为补充性法源。例如,1987 年施行的《中华人民共和国民法通则》④ 第 6 条规定:"民事活动必须遵守法律,法律没有规定的,应当遵守国家政策。" 又如,《中华人民共和国农村土地承包经营纠纷调解仲裁法》⑤ 第 44 条第 1 款规定:"仲裁庭应当根据认定的事实和法律以及国家政策作出裁决并制作裁决书。" 随着我国法治体系的不断完善,我国也逐渐"从'依政策治理'向'依法治理'过渡"⑥。但政策的作用依然显著。有时,司法机关在面对纠纷时也会借助政策来"认定事实性质、确认和分配权利义务、厘清法律责任等"⑦。例如,在一个涉及建设工程施工合同的纠纷中,法院审理后指出,根据《国务院办公厅关于切实解决企业拖欠农民工工资问题的紧急通知》等相关规定中,不论何方都应优先支付农民工工资的精神要求,本院认定被告代付的 2770000 元劳务工资应列入被告所支付的工程款项内,对其他工程款 3347070 元不认定为已付工程款。⑧

---

① 何海波:《实质法治:寻求行政判决的合法性》,法律出版社 2020 年版,第 279 页。

② 胡宁生:《现代公共政策研究》,中国社会科学出版社 2000 年版,第 4 页。

③ 刘作翔:《当代中国的规范体系:理论与制度结构》,载《中国社会科学》,2019 年第 7 期,第 85 – 108 页。

④ 2020 年 5 月 28 日,十三届全国人大三次会议表决通过了《中华人民共和国民法典》,自 2021 年 1 月 1 日起施行。《中华人民共和国民法通则》同时废止。

⑤ 2009 年 6 月 27 日第十一届全国人民代表大会常务委员会第九次会议通过,2009 年 6 月 27 日中华人民共和国主席令第十四号公布,自 2010 年 1 月 1 日起施行。

⑥ 何海波:《实质法治:寻求行政判决的合法性》,法律出版社 2020 年版,第 272 页。

⑦ 彭中礼:《中国法律语境中的国家政策概念》,载《法学研究》,2023 年第 6 期,第 19 – 36 页。

⑧ 参见湖南省宁乡县人民法院(2011)宁民初字第 3182 号民事判决书。

也正因如此，"公共政策乃是法律政策"① 的论断逐渐被人们所接受。学理上一般将法规范的效力分为法律效力（应然效力）、现实效力（实然效力）与道德效力（认可效力或确信效力）。② 尽管公共政策不具有规范意义上的法拘束效力，但得益于"依政策治理"的历史经验，实践中公共政策作为行政机关的行为准则，具有事实上的拘束力。

究其本质，公共政策的事实拘束力源自其可行性、灵活性与权威性。一方面，公共政策的内容须兼具社会可行性与组织可行性。③ 因为只有当公共政策的内容能同时兼顾"符合社会大众的价值标准"和"实现行政管理目标"这两个条件时，公共政策的落实才能畅通无阻。另一方面，公共政策较之正规的法律条文更为简便，可以结合现实情境的变化填补法律实施中的空白，便于行政机关灵活操作、全面管理。因此，在大多数情况下，公共政策都或多或少起到了补充、诠释、完善法律的功能，能够帮助法律使用者进一步厘清不确定法律概念的内涵，进而协助执法人员实现立法语言从模糊到明确的转变。与此同时，出于上下级行政机关职级权威的考虑，下级行政机关的执法行为往往或多或少地受上级机关所制定的公共政策的影响。④ 有鉴于此，尽管存在零星的反对声音，如有学者提出"作为法律推理中补充渊源的政策，只包括国家机关的政策，而不包括党的政策"⑤，但"公共政策是现代行政法的不成文法源"的认识逐渐被学界所接受，学者们大多将公共政策视作行政机关

---

① ［美］博登海默：《法理学：法哲学及其方法》，邓正来、姬敬武译，华夏出版社 1987 年版，第 450 页。

② ［德］伯恩·魏德士：《法理学》，丁晓春、吴越译，法律出版社 2013 年版，第 149 页。

③ 张国庆：《现代公共政策导论》，北京大学出版社 1997 年版，第 6 页。

④ 伍劲松：《行政解释研究：以行政执法与适用为视角》，人民出版社 2010 年版，第 201 - 202 页。

⑤ 徐国栋：《民法基本原则解释：成文法局限性之克服》，中国政法大学出版社 2001 年版，第 130 页。

在权力行使过程中所遵守的一系列行为准则，认可公共政策具有的准法律功能，赞同其在行政执法过程中所发挥的独特的规范效力。①

综合考察而言，公共政策主要通过两种途径在现代行政国家的日常运作中发挥着不可替代的重要作用。其一是口头式公共政策，即上级机关以不成文形式对当时当地的社会发展作出的判断，下级机关在这一政策精神的指导下作出行政决定。著名的"绿水青山就是金山银山"就属于这种情形。2005 年 8 月，时任浙江省委书记的习近平同志在浙江安吉余村考察时，提出了"绿水青山就是金山银山"的科学论断。十余年来，浙江干部群众以这一科学论断为指引进行战略谋划，大力推进"五水共治""三改一拆""四边三化""811 环境整治行动"等工作，对破坏了的环境进行深入广泛的整治，重塑了绿水青山的美丽景象。② 其二是以行政规范性文件为载体的公共政策，即上级行政机关针对现实问题发布的行政规范性文件，下级行政机关依据其中的政策内容进行个案裁量。我国的行政规范性文件内容繁多、称谓多样，包括命令、决定、公告、通告、通知、通报、议案、报告、批复、意见、函、会议纪要等多种类型。③ 西安的"烟头革命"与浙江的"最多跑一次"中发布的行政规范性文件便是典型例证。尽管进入行政机关决策过程的方式不同，但不论是口头式的公共政策还是规范性文件式的公共政策，都是行政机关在个案裁量活动中必须加以考虑斟酌的重要因素。

也正因如此，政策逐渐渗透进行政执法活动过程的各个环节，并在

---

① 章剑生：《现代行政法总论》，法律出版社 2014 年版，第 152 页；周佑勇：《行政裁量治理研究：一种功能主义的立场》，法律出版社 2008 年版，第 133 页；陈潭：《公共政策学》，湖南师范大学出版社 2003 年版，第 24 页。

② 参见"绿水青山怎样才能变成金山银山"，网址：http://news.163.com/15/0810/06/B0KTHLDQ00014AEF.html，最后访问时间：2018 年 3 月 19 日。

③ 温辉：《政府规范性文件备案审查制度研究》，载《法学杂志》，2015 年第 1 期，第 9-21 页。

具体情境化的个案中"通过行政裁量的运作合法地转化成规范的内在因素"①。政策裁量即是政策与行政执法过程紧密交织的集中体现。然而，当前的研究较为关注公共政策作为行政裁量背后的考量因素的角色，却鲜少探索公共政策在行政裁量运作过程中的发展脉络，即政策裁量的内在属性及其运作机制。

第三节　研究现状

一、国内研究状况

"行政行为中的裁量是行政法学中最具有实用性的重要课题。"② 自20 世纪上半叶行政国家兴起后，行政权大幅度扩张已成为不争的事实。"无论我们是否情愿，政府的行政管理无所不在"③ 的论断虽略显夸大，却是现代行政国家的真实写照。由于社会活动日益复杂，"宽泛的立法指令很少能够直接处理具体的情形"④。"大量整饬社会秩序的规则，直接出自行政机关而非立法机关之手，已是毋庸置疑、难以扭转的事实。"⑤ 行政裁量是现代行政权的核心，行政裁量权也因此获得了滋生的

---

① 张文显：《法理学》，高等教育出版社 2003 年版，第 450 页。

② ［日］盐野宏：《行政法总论》，杨建顺译，北京大学出版社 2008 年版，第 80 页。

③ ［美］斯蒂芬·布雷耶：《法官能为民主做什么》，何帆译，法律出版社 2012 年版，第142 页。

④ ［美］理查德·B. 斯图尔特：《美国行政法的重构》，沈岿译，商务印书馆 2021 年版，第 23 页。

⑤ 沈岿：《解析行政规则对司法的约束力：以行政诉讼为论域》，载《中外法学》，2006年第 2 期，第 170 - 185 页。

土壤。王名扬系统归纳了行政裁量扩张的原因，包括社会变化迅速、社会情况复杂、涉及高新技术的问题越来越多、行政范围扩大、新的行政领域不断出现、涉及利益衡量与价值判断的问题逐渐增加。①

行政法学界对涉及行政裁量内涵概念的问题作了较为深入的研究，如裁量行为与拘束行为的区分、要件裁量与效果裁量的争论、裁量一元论与裁量二元论的兴替。有关行政裁量的专著很多，如余凌云在 2013 年出版的《行政自由裁量论》中对行政裁量的各个方面作了详细介绍；盐野宏在 2008 年出版的《行政法总论》中对要件裁量与效果裁量的争论滥觞作了详细解读；王贵松在 2016 年出版的《行政裁量的构造与审查》中深入探讨了行政裁量的内在构成与审查模式。

与此同时，针对行政裁量进行专题讨论的论文也不在少数。其中比较具有代表性的有：王天华从多个维度切入，详细厘清了行政裁量在中国语境下的本土化内涵；② 杨建顺在介绍日本行政裁量理论发展的基础上，进一步论证了要件裁量与效果裁量的区别，指出"所谓要件裁量，亦称判断裁量，是指对法律规范所规定的要件进行解释以及将行政机关所认定的事实适用于法律规范所规定的要件时的裁量。根据要件裁量论，当法律规范仅对要件作了抽象规定，或者法律规范对要件没有作出任何规定时，该行政行为便是裁量行为"③。

在此基础上，我国行政法学界也围绕行政解释，特别是集中解释形成了诸多研究成果。总论类的行政法学专著大多会为行政解释留出专门的章节，针对行政解释的专题研究也成果颇丰，基本涵盖了行政解释的

---

① 王名扬：《美国行政法》，北京大学出版社 2007 年版，第 542－543 页。

② 王天华：《从裁量二元论到裁量一元论》，载《行政法学研究》，2006 年第 1 期，第 24－29 页；《行政裁量与判断过程审查方式》，载《清华法学》，2009 年第 3 期，第 96－108 页；《作为教义学概念的行政裁量：兼论行政裁量论的范式》，载《政治与法律》，2011 年第 10 期，第 21－30 页；《裁量收缩理论的构造与边界》，载《中国法学》，2014 年第 1 期，第 125－143 页。

③ 杨建顺：《论行政裁量与司法审查：兼及行政自我拘束原则的理论根据》，载《法商研究》，2003 年第 1 期，第 63－72 页。

各个方面，较有代表性的专著包括但不限于：李洪雷的《行政法释义学：行政法学理的更新》，中国人民大学出版社 2014 年版；张志铭的《法律解释操作分析》，中国政法大学出版社 1999 年版；高秦伟的《行政法规范解释论》，中国人民大学出版社 2008 年版；杨伟东的《行政行为司法审查强度研究：行政审判权纵向范围分析》，中国人民大学出版社 2003 年版。与此同时，有关行政解释的专题论文数量颇多。笔者以"行政解释""规范性文件的附带审查""个案行政解释"等为关键词在中国知网、北大法宝、北大法意等数据库进行搜索，共搜索到数百篇相关论文，其中基于法学视角的论文就有百余篇。纵览相关文献可以发现，高屋建瓴地探讨行政解释基础性理论的文章数量较多。通过阅读这些文献可以获得较多的信息增量，某种意义上具有"总论"的意味。与 20 世纪我国行政法学发端时的研究成果相比，实践内容更为丰富，理论建构也更加完善。其中，具有代表性的文献主要包括：张志铭的《关于中国法律解释体制的思考》；朱新力的《现代行政活动方式的开发性研究》；叶必丰的《行政规范法律地位的制度论证》《行政合理性原则的比较与实证研究》；余凌云的《公共行政变迁之下的行政法》《现代行政法上的指南、手册和裁量基准》。

在此基础上，不少学者从行政解释的各个方面入手，试图扩充行政解释的"分论"体系。例如，有的学者从风险规制的角度切入，详细介绍了美国行政解释理论的发展过程，重点阐释了"谢弗林尊重"原则、"斯基德莫尊重"原则的发展脉络，为引介美国行政法基础理论作了铺垫；① 有的学者以工伤认定过程中的行政专业解释为研究对象，提出了法院审查工伤认定机关作出的专业解释时，应当从区分行政解释的形式、区分行政解释涉及法律问题抑或政策问题两个层面进行考量，重点

---

① 李洪雷：《规制国家中对行政解释的司法审查：以谢弗林判例为中心的考察》，载傅蔚冈、宋华琳：《规制研究》（第 1 辑），格致出版社 2008 年版，第 79 - 129 页。

在于比较行政权和司法权的优势;① 还有的学者从工商行政管理案例中涉及的行政解释切入,采取群案研究的方法分析了法院的审查策略,指出法院审查时考量的因素包括对行政专业性的考量、对社会发展需要的考量、对相对人权益保障的考量等,法院在审查过程中采用的解释技术包括借由立法意图解释、借由行政导向性政策解释和借由国际规则解释。② 此外,还有学者从技术标准、风险规制等不同方面扩充了行政解释的理论体系。③

综观上述文献可以发现,多数研究成果都提到了行政解释的司法审查,并将研究视角主要放在集中解释的司法审查上。相反,对于行政解释中的政策裁量司法审查问题,并未予以特别关注,一般都是以个案作为话题讨论的起点,将重心落脚于对集中解释的司法审查的探讨。以"华源公司诉商标局等商标行政纠纷案"为例,王天华和朱芒均对这个案例中涉及的行政解释问题展开了研究。王天华侧重于从凯尔森的框架秩序理论切入评析该案中法院审查规范性文件的思路;④ 朱芒着重从规范性文件的合法要件入手,分析纵向等级型和内外区别型行政规范的不同审查路径。⑤ 遗憾的是,两篇文献均是从集中解释的角度出发进行论证,忽视了该案例在个案解释层面的重要意义,对个案行政解释领域的司法实务操作而言,实际效用甚微。

---

① 胡敏洁:《专业领域中行政解释的司法审查:以工伤行政案件为例》,载《法学家》,2009 年第 6 期,第 126 – 133、157 页。

② 黄娟:《论行政法规范解释的司法审查:基于 90 个工商行政管理案例的分析》,载《华东政法大学学报》,2012 年第 6 期,第 45 – 58 页。

③ 宋华琳:《制度能力与司法节制:论对技术标准的司法审查》,载《当代法学》,2008 年第 1 期,第 46 – 54 页;伏创宇:《风险规制领域行政规则对司法的拘束力》,载《国家检察官学院学报》,2016 年第 2 期,第 84 – 97、174 页。

④ 王天华:《框架秩序与规范审查:"华源公司诉商标局等商标行政纠纷案"一审判决评析》,载《交大法学》,2017 年第 1 期,第 165 – 175 页。

⑤ 朱芒:《规范性文件的合法性要件:首例附带性司法审查判决书评析》,载《法学》,2016 年第 11 期,第 151 – 160 页。

二、国外研究状况

需要特别指出的是，在涉及比较法的文献中，学者们对英美两国行政解释制度的关注度远高于其他国家。尽管英美法系背景下对行政解释的探讨与大陆法系背景的思维差距较大，但相关的研究成果仍然能对我们产生一定的启发。

近年来，国内学者翻译、引介了不少英美论著，较为全面地呈现了国外相关研究状况。在学术专著方面，《行政自由裁量论》系统介绍了英国有关行政解释的理论体系，应当属于最具代表性的专著之一；[1]《行政法》和《美国行政法的重构》则是近些年了解美国行政解释理论动态的重要窗口。[2] 相比较而言，学术论文的议题显得较为分散，以美国行政法中的典型案例为切入点，讨论内容涵盖了美国行政法中行政解释的司法审查路径、审查强度、立法授权、行政解释对法院的拘束力等。[3]

另外，近年来美国本土对于以"谢弗林尊重"原则[4]为代表的司法尊重的研究热度不减。美国最高法院分别于 1944 年和 1984 年确立的"斯基德莫尊重"原则、"谢弗林尊重"原则是美国行政解释司法审查的

[1] 余凌云：《行政自由裁量论》，中国人民公安大学出版社 2013 年版，第 362 - 392 页。
[2] ［美］理查德·J. 皮尔斯：《行政法》（第五版），苏苗罕译，中国人民大学出版社 2016 年版，第 127 - 214 页；［美］理查德·B. 斯图尔特：《美国行政法的重构》，沈岿译，商务印书馆 2021 年版，第 141 - 204 页。
[3] 李洪雷：《规制国家中对行政解释的司法审查：以谢弗林判例为中心的考察》，载傅蔚冈、宋华琳：《规制研究》（第 1 辑），格致出版社 2008 年版，第 79 - 129 页；黄丞仪：《洁净空气，如何解释？从 Duke Energy（2007）与 Massachusetts v. EPA（2007）论美国行政法中立法目的、行政解释和司法审查之关系》，载《台大法学论丛》，2015 年第 44 卷第 3 期，第 665 - 744 页；金自宁：《风险规制时代的授权与裁量："美国货运协会案"的启示》，载《法学家》，2014 年第 3 期，第 163 - 175 页；刘东亮：《涉及科学不确定性之行政行为的司法审查：美国法上的"严格检视"之审查与行政决策过程的合理化的借鉴》，载《政治与法律》，2016 年第 3 期，第 125 - 139 页。
[4] 参见 Chevron v. Natural Resources Defense Council，467 U. S. 837（1984）。

两大重要原则。在"谢弗林案"之前，美国最高法院曾运用过多种不同的尊重标准，但一直没有形成体系化的原则，导致这段时期的行政解释司法审查标准普遍是"彼此冲突并不可预测的"①。为改善司法审查标准不一的情形，美国最高法院在"斯基德莫案"②中确立了"斯基德莫尊重"原则。但这一原则也曾遭到过公开质疑，如斯卡利亚法官在一次纪念会议上发表意见称："斯基德莫尊重"原则的建立就是一场闹剧。依照"斯基德莫尊重"原则的观点，法院可以为所欲为，实质上是授予了法院巨大的权力。"谢弗林案"则被认为是美国现代行政法上最重要的案例之一，在这个案例中美国法院建立了著名的"谢弗林尊重"原则。然而，"斯基德莫尊重"原则与"谢弗林尊重"原则如何进行衔接一直是困扰学界与实务界的一大难题。为此，美国最高法院在此后数年间一直尝试在一系列个案中解答这一难题。

（1）"奥尔案"③中，确立了"超级尊重"原则。"奥尔案"的特殊之处在于，美国法院特意要求第三方当事人出具意见书。在早期的判例中，美国法院通常无视简短的诉讼意见中提出的行政解释。④但"奥尔案"中，美国法院认为劳动部部长的陈述理应获得司法尊重，尽管该法规解释并非经由正式的规则制定程序作出，因为"没有理由怀疑这一解释无法反映行政机关的公正、周全的判断"。由此，美国法院确立了所谓的"超级尊重"原则，也有的学者将其称为"奥尔尊重"原则。简言之，"奥尔案"是特例，且无法与美国法院当时的司法尊重体系相协调。例如，在2009年的"Coeur Alaska, Inc. v. Se. Alaska Conservation Council"案中，美国法院曾尝试使"奥尔尊重"原则与类似于

---

① Richard J. Pierce Jr. : *Administrative Law*, Foundation Press, 2008 年版。
② 参见 Skidmore v. Swift & Co. , 323 U. S. 134 (1944)。
③ 参见 Auer v. Robbins, 519 U. S. 452, 462 (1997)。
④ 参见 Bowen v. Georgetown University Hospital, 488 U. S. 204 (1988); Gregory v. Ashcroft, 501 U. S. 452, 485 n. 3 (1991)。

"斯基德莫尊重"原则中的有说服力的因素保持一致，但结果并不乐观。①

（2）非正式行政解释的司法审查范围是"谢弗林尊重"原则遗留的一个问题。前已述及，"奥尔案"中美国法院对劳动部部长以意见书形式作出的法规解释给予司法尊重。然而，在 2000 年的"克里斯滕森案"② 与 2006 年的"俄勒冈州案"③ 中，美国法院均对"谢弗林尊重"原则与"奥尔尊重"原则的适用范围进行了限缩。

（3）"克里斯滕森案"仅仅反映了美国司法尊重体系框架变迁中的冰山一角。事实上，在此后数年间，美国法院一直在个案中尝试对"谢弗林尊重"原则的适用范围进行限缩，如 2001 年的"米德案"④、2002年的"沃尔顿案"⑤、2003 年的"克拉克马斯案"⑥ 及 2004 年的"克莱因案"⑦。这一系列案件见证了全新的美国司法尊重体系框架的建立与完善。在这一时期，"斯基德莫尊重"原则与"谢弗林尊重"原则并存并互为补充。"米德案"及其后若干判例标志着"斯基德莫尊重"原则与"谢弗林尊重"原则并行体系的初步建立。

（4）膨胀期过后，"司法尊重热"逐渐回温。美国最高法院通过一系列案件逐渐确立起了全新的司法尊重框架体系，并对"谢弗林尊重"原则的适用范围进行了限缩。然而，"谢弗林尊重"原则并非万能的，其中仍留有些许亟待解决的问题。例如，在先的司法判例对之后的行政

---

① 参见 Coeur Alaska, Inc. v. Se. Alaska Conservation Council, 129 S. Ct. 2458, 2472 – 2474（2009）。

② 参见 Christensen v. Harris County, 529 U. S. 576（2000）。

③ 参见 Gonzales v. Oregon, 546 U. S. 243（2006）。

④ 参见 United States v. Mead Corp., 533 U. S. 218（2001）。

⑤ 参见 Barnhart v. Walton, 535 U. S. 212（2002）。

⑥ 参见 Clackamas Gastroenterology Associates, P. C. v. Wells, 538 U. S. 440（2003）。

⑦ 参见 General Dynamics Land Systems, Inc. v. Cline, 540 U. S. 581（2004）。

解释是否具有拘束力？2005 年的"X 品牌案"① 中，美国法院就尝试对这一问题作出回应。"X 品牌案"确立了行政解释优于司法先例的判断框架。

（5）有关"谢弗林尊重"原则是否适用的问题被称为"谢弗林第零步"。前已述及，"奥尔案""克里斯滕森案""米德案"中美国巡回法院根据行政解释的制定程序来判断是否适用"谢弗林尊重"原则。换言之，制定程序的拘束力与权威性决定了行政解释是否具有法效力。美国法院真正的关注焦点在于国会是否通过暗示授权将法规解释权授予了行政机关。② 然而，除了行政解释的制定程序外，"谢弗林第零步"还包括其他方面，如对于涉及行政机关法定管辖权的行政解释，是否应适用"谢弗林尊重"原则的问题。基于这一分歧，美国法院尝试在 2013 年的"阿灵顿案"③ 中对这一问题作出正面回应。"阿灵顿案"表明司法应尊重涉及行政管辖权的行政解释。

第四节　基本思路与研究方法

一、基本思路

本书写作的整体思路是：选取"行政解释"作为窗口，观察政策裁

---

① 参见 National Cable & Telecommunications Ass'n v. Brand X Internet Services, 545 U. S. 967 (2005)。

② Cass R. Sunstein：*Chevron Step Zero*，载 *Virginia Law Review*，2013 年第 92 卷，第 207 - 220 页。

③ 参见 City of Arlington v. FCC, 133 S. Ct. 1863 (2013)。

量在行政解释领域的运作情况，同时以法院在监督行政体系中的地位及其权力为主线来安排通篇的结构，旨在为我国现在和未来的行政诉讼发展模式提供基本设想与理论框架。

分析主要从三个层面展开：第一，行政解释是行政机关解决疑难问题的治理工具，政策裁量是现代行政国家中行政解释的重要组成部分。为使论证更为聚焦，本书只关注行政解释中的政策裁量部分。第二，尽管政策裁量体现了行政解释对复杂社会现实的回应，但政策裁量的存在也会影响行政解释结果的正当性，因此需要对政策裁量进行适当的审查。本书尝试从行政解释的政策裁量部分切入，观察中国司法在整个权力架构中一种独特的定位，探索我国法院面对行政解释中的政策裁量时的审查思路与审查强度，指明现状，陈清利弊，并尝试提出一些变革的思路。第三，为增强分析的完整性与说服力，适当选取美国行政解释司法审查的相关内容作为论证对象，揭示两种制度背后所隐藏的某种共识和其良性运作所必需的因素，为我国行政诉讼制度变革提供基础性的且是必需的素材。

在论证过程中分别以司法审查和司法尊重强度两条线展开，两者相互印证，以此来构建司法审查行政解释中的政策裁量的理想体系。

本书尝试回答以下问题：（1）行政解释中的政策裁量在实践中呈现何种样态？（2）法院审查行政解释时，对于其中的政策裁量内容，如何把握审查界限？（3）如何依托《行政诉讼法》构建本土化的行政解释司法审查理想框架？

本书希望达到的结果是：在总结既有行政解释理论的基础上，以行政解释中的政策裁量为切入点创设本土化的司法审查模式。

第一章为绪论。介绍了研究背景、研究对象、研究现状及研究方法。不确定法律概念是行政裁量的研究重点。对不确定法律概念进行解释是行政机关的重要任务。行政解释中的政策裁量展示了特定时期的具体行政任务，是成文法对社会变迁现实的回应。

第二章重点关注隐藏在行政解释背后的政策裁量。政策裁量的实质是利益衡量与价值权衡，行政解释中的政策裁量同时担负起了"政策考量"与"行政裁量"两个不同任务，帮助行政机关选出法律授权范围内的最适当的解释方案。

第三章着眼于行政解释中的政策裁量司法审查运作机理。政策裁量对行政解释既有积极影响，也会带来消极影响。通过梳理已有案例发现政策裁量在行政解释中呈现的样态与司法审查现状，尽可能客观地梳理和分析现有审查模式中的潜在问题及其根源，并针对我国行政解释中的政策裁量司法审查体系的运作逻辑提出一个初步的结论。不同于西方分权制衡理论下的"行政－司法"彼此制衡，我国法院与行政机关之间的互动属于工作上的配合与监督关系。"注重法律效果与社会效果的统一"是我国法院在审查行政解释时的一个独特的考量因素。在法律效果之外的社会效果的尺度，可能是社会稳定、与政府的关系、党的领导、群众情绪、经济发展等因素，而这些因素都是外生于法律规范的情境性的因素。从本质上看，这种运作模式折射出当前行政诉讼中法院的功能定位，即我国法院同时具有政策实施型和纠纷解决型职能。

第四章是第三章的延伸，着重探索政策裁量审查现状所反映的深层次理论背景。与我国"考虑社会效果"的审查路径相似，美国法院也强调法律与政策的区分。与我国不同的是，美国司法界对于政策类行政解释存在两种主张：一种认为政策类问题涉及成文法的模糊地带，是国会有意预留给行政机关进行处理，因而法院对于政策类行政解释应当予以尊重，避免入侵专属于行政机关的"疆域"；另一种则主张，法院应当将政策类问题纳入审查范围，政策类行政解释并不专属于行政机关。这一争论显示了美国行政法学者对于行政权与司法权博弈过程的不同理解。该问题同时也是行政诉讼定位的一种延伸，关系到法院在何种程度上行使审查权。

第五章在上述研究的基础上，希冀在借鉴的同时建构起我国政策裁量司法审查的理想框架。一方面，对现实案例的关注为行政解释中的政策裁量在司法体系中的实践现状提供了基本素材；另一方面，对美国行政解释司法审查理论的研究，为本国研究提供了比较和参照的视角。值得注意的是，由于两国的制度背景存在差异，在学习借鉴时须以本国经验为基准，对美国行政解释司法审查框架作适度校正。其中最为关键的差异在于，美国将三权分立理论作为行政诉讼建构的理论基础，具体体现为行政权和司法权彼此制衡；我国行政诉讼建立在人民主权理论基础上，法院与行政机关之间的互动属于工作上的配合与监督关系。通过分析解读人民代表大会制度主导的国家权力结构下的行政审判权的规范性意涵和政党主导的国家政治权力结构下的行政审判权的政治性意涵，提炼我国法院运作的独特之处，并在此基础上修正美国行政解释司法审查框架，有针对性地建构本国体系。同时在思考前述分析的基础上，分析总结具有中国特色的行政解释政策裁量司法审查具体运行情境及可能的学理解释，并在此基础上指出其背后的体制因素。本书尝试淡化理想性色彩，回应行政审判的现实，努力做到立足本土实践，摆脱对西方理论的依赖。

第六章为结语。

二、研究方法

本书主要采用立足本土实践的规范分析、文献分析和案例分析，辅之以适当的比较研究。

第一，规范分析。本书针对《中华人民共和国行政诉讼法》① 及其司法解释中的相关条文作重点解读。最高人民法院、最高人民检察院出台的相关法律解释、答复意见、座谈会纪要等内容也是重要的研究对象。另外，对于个案行政解释司法审查的研究离不开鲜活的个案，因此也需要深入解读案件中涉及的各类行政解释。

第二，文献分析。收集整理相关学者的研究成果，并针对现有文献进行评述剖析。在此基础上思考前述规范分析的结果，用既有的理论事实丰富并修正规范分析的结论。

第三，案例分析。案例分析可以为个案行政解释的研究提供鲜活的现实基础。通过梳理与解读实践中的个案行政解释相关案例，探究我国现行的个案行政解释司法审查实际运行情况，对其进行评价，为理论建构任务提供现实依据。案例的来源主要包括：（1）最高人民法院公布的指导性案例和典型案例；（2）《最高人民法院公报》上公布的案例；（3）《中国行政审判案例》四卷本中的案例；（4）通过其他数据平台检索获得的相关案例。同时，在研究本土素材的同时，关注英美行政法学界对于个案行政解释的分析，对中英、中美间的类似案例作比较分析，考察案例中反映的个案行政解释司法审查的生发土壤以及其中蕴含的学术脉络。通过比较分析的视角对个案行政解释进行研讨，必然会进一步丰富已有的研究成果，有助于对行政与司法间的互动作出更为生动的诠释。

第四，比较研究。笔者曾在美国范德比尔特大学法学院学习并获得硕士学位，本书中所用的比较法素材将以英文资料为主，辅之以相关的中文译文。笔者一方面对可以收集到的英文文献进行整理评述，另一方面通过阅读我国台湾地区的中文文献，以及有关德日文献的译著来收集

---

① 指 2017 年修正版。

相关资料。对于比较法素材的筛选，本书着眼于行政解释司法审查理论方面的内容，并辅之以相关的法律规范。为避免本书沦为简单的国外法学理论转述、失去本土问题意识，笔者在收集比较法资料的过程中，不是只寻找与论证有关的内容，而是沿着纵向（该制度的发展历史）、横向（与该制度有关的相关内容）两方面展开，探索不同的个案行政解释司法审查在各国制度背景下的生发土壤。从目前搜集到的相关案例来看，法院在审查过程中对于涉及行政解释的问题用语较为简单。另外，关于个案行政解释的现有法学文献较少，法学理论较为匮乏。如何从规范和实践中提炼理论、挖掘法律文书背后的司法政策和观点，同时将理论回馈到实践中进行检验，将是本书面临的主要难点。

此外，为使论证更为充实完整，本书也适当吸收借鉴了行政学、公共管理学等学科的理论成果。

第二章

隐藏在行政解释背后的政策裁量[*]

  [*] 本章的主要内容曾以《隐藏在行政解释背后的政策裁量：概念、定位与功能》为题发表于《河北法学》2020 年第 1 期，第 80 – 94 页。

　　"行政行为中的裁量是行政法学中最具有实用性的重要课题。"[1] 为了研究的深入，学者们一般倾向于对"行政裁量"这个大范围的概念再作细化区分，政策裁量便是行政裁量"大家族"中的一个分支。"政策裁量"（policymaking discretion）这一称谓最早出现于美国学者科赫（Koch）的著作中。为更好地厘清裁量与司法审查之间的关系，科赫将裁量分为五大类，其中一类便是政策裁量，即行政机关为实现长远的社会目标而采取措施的权力。科赫认为："政策裁量不仅仅是延展立法意图，填补细节，在这里，行政机关实际上有着与立法机关相似的功能。这是因为在这种情况下，法律仅是确定社会目标，而把实现该目标的方式与途径的选择交给了行政机关。"[2]

　　遗憾的是，现有的研究虽然承认公共政策介入行政执法和司法职能的事实，但鲜少有学者关注政策裁量的角色功能，无论是科赫的论述还是其他相关论著的阐述都带有一定的抽象性和模糊性。梳理现有的研究成果可以发现，关注行政裁量这一领域的学者们大多将研究重心放在了行政裁量的内涵概念问题上，如裁量行为与拘束行为的区分、要件裁量与效果裁量的争论、裁量一元论与裁量二元论的兴替等，[3] 而很少将目光投射到政策裁量上。诚然，已有论者关注到"政策作为行政活动的指

---

　　① ［日］盐野宏：《行政法总论》，杨建顺译，北京大学出版社 2008 年版，第 80 页。

　　② Charles H. Koch Jr.：*Judicial Review of Administrative Discretion*，载 *George Washington Law Review*，1986 年第 54 卷，第 469 – 511 页。

　　③ 余凌云：《行政自由裁量论》，中国人民公安大学出版社 2013 年版，第 237 – 291 页；［日］盐野宏：《行政法总论》，杨建顺译，北京大学出版社 2008 年版，第 81 – 90 页；王贵松：《行政裁量的构造与审查》，中国人民大学出版社 2016 年版，第 38 – 54 页、150 – 174 页。

引"① 的事实以及对政策赋予较大考量权重的必要性②，但现有的研究仍然无法精细化地回应政策裁量的内在构成与制度定位的问题，遑论对涉及政策裁量案例的司法实务操作提供有益的指导。

卡多佐曾经说过："在定义有风险的地方，描述就可以崭露头角了。"③ 有鉴于此，我们可以用描述法来厘清政策裁量概念内核的大致范围。为使问题的讨论更聚焦，本章将以行政机关在执法活动过程中作出的解释为主要讨论范围，从学理角度观察政策裁量的理论内核、内在价值与现实需求。通过分析可以看到，我国法治建设的历史传统、政策裁量的内在特质与当前行政国家制度运行的社会现实三类因素组合成了内外交织的政策裁量正当性需求体系。本章从实施主体、发生领域、实质目的着手尝试建构兼具理论性与实践性的我国政策裁量理论框架，为司法机关提供知识资源。

第一节　政策裁量的实施主体：
具有行政裁量权的行政机关

政策裁量的实施主体是政策裁量基本理论研究过程中无法回避的一个问题。然而，"政策裁量"这一概念本身具有一定的抽象性和模糊性，不同的学者对此都有不同的界定。面对何为政策裁量实施主体的追问，

---

① 胡敏洁：《摆正行政法学研究与政策的关系》，载《中国社会科学报》，2019年3月27日第5版。

② 周佑勇、尹建国：《行政裁量的规范影响因素：以行政惯例与公共政策为中心》，载《湖北社会科学》，2008年第7期，第137－142页；章志远：《作为行政裁量"法外"依据的公共政策：兼论行政裁量的法外控制技术》，载《浙江学刊》，2010年第3期，第143－149页。

③ 〔美〕卡多佐：《司法过程的性质及法律的成长》，张维编译，北京出版社2012年版，第106页。

学界的观点并不统一，详述如下。

一、不同研究思路下的"政策裁量"

综观国内学界关于"政策"与"裁量"的既有研究成果后可以发现，当前颇受关注的研究思路主要集中于以下三类。

（一）三类研究思路概述

第一类研究思路将政策视为法院生成裁判过程中的必备要素，主张把政策裁量划入法院的权能范围。支持这一观点的论者认为，我国的政策裁量本质上仍然属于授权范围内的自由裁量权，政策裁量是指"法院在立法授权范围内，依据法律、参照政策，结合具体案件事实进行法律推理和法律论证的过程"[1]。简言之，支持者们的观点可以归纳为"法院权能说"，他们呼吁将政策裁量纳入能动司法的范围，并主张能动司法的基本内涵之一就是"运用政策考量、利益衡平、柔性司法等司法方式履行司法审判职能的服务型司法"[2]。因为法院有时需要出于政治考虑作出符合当下政策的判决，以规避政治风险。根据这一观点，法院和法官在生成裁判的过程中，会基于对传统与变革、制度与文化、社情与民意、秩序与效率以及民众公平正义底线的把握能力，对不同裁决选择项可能引发的法律效果、道德效果、经济效果、政策效果和社会效果作出预测和判断。[3] 特别是在面对立法空白时，司法机关需要借助政策裁量来进行判断。此时，"法官不得不相当多地依赖其他传统非法律的材料

---

[1] 关情：《法官视角中的能动司法》，载《法律科学》，2012 年第 1 期，第 28 – 35 页。

[2] 卢子娟：《能动司法：当代中国司法的基本取向——访江苏省高级人民法院院长公丕祥》，载《中国党政干部论坛》，2011 年第 10 期，第 4 – 8 页。

[3] 张文显、李光宇：《司法：法律效果与社会效果的衡平分析》，载《社会科学战线》，2011 年 7 月期，第 189 – 194 页。

和信息，包括个人的政治看法、政策判断乃至个人特性。结果是，法官的决策不仅不符合法条主义模式，而且司法判决中还充满了政治以及其他许多东西，乃至是'政治的'"①。

例如，在"王某芳与江苏邳州农村商业银行股份有限公司劳动合同纠纷案"中，原告王某芳被邳州农村商业银行股份有限公司（以下简称邳州农商行）解雇，提起诉讼。该案件发生于"实施全面两孩政策"之前，一审过程中，邳州市人民法院认为，双方之间的纠纷是因邳州农商行执行政策性文件而引发的纠纷，不属于劳动争议案件受案范围，并以此为由驳回原告王某芳的起诉。② 二审期间，恰逢《中华人民共和国人口与计划生育法》修订，徐州市中级人民法院审理后认为：

> 从邳州农商行邳农商行发（2010）197 号"关于解除王秀芳劳动合同的决定"所适用的法律依据和政策文件分析，《中国共产党纪律处分条例》是针对党员违反党的纪律情形下进行处分时的依据，而不能作为解除劳动合同的法律依据。《江苏省计划生育条例实施细则》③ 和《徐州市实施〈江苏省人口与计划生育条例〉办法》对于违反计划生育的职工规定了处分的情形和种类，对于开除处分需达到情节严重的情形，邳州农商行如以王某芳违规超生而解除与王某芳的劳动合同，需举证证明王某芳违规超生的行为达到了情节严重的程度。鉴于邳州农商行不能举证证明王某芳违规超生的行为严重违反了用人单位的规章制度，故其作出的解除与王某芳的劳动合同决定，依据不足，应予撤销。④

---

① 苏力：《经验地理解法官的思维和行为：波斯纳〈法官如何思考〉译后》，载《北方法学》，2009 年 1 期，第 106 – 113 页。
② 参见邳州市人民法院民事裁定书（2012）邳民初字第 0119 号。
③ 该细则已于 2003 年废止。——编辑注
④ 参见江苏省徐州市中级人民法院民事判决书（2015）徐民终字第 5319 号。

第二类研究思路则主要将研究限定在行政机关的裁量权限范围内，认为政策是行政裁量的影响因素之一，并倾向于用"政策考量"来指代"政策裁量"。例如有学者指出，"在情境化的裁量活动中，政策作为规制环境和规制结构的标签悄然登场，通过政策中的利益衡量、规制目标的明确、对不确定法律概念的解释、行政行为方式的选择和法律效果的确定，以规范化的方式影响行政行为"[①]。又如，"无论是理论上还是实践中，公共政策对行政主体裁量行为的影响和制约均是合情、合理、明确而具体的，公共政策构成了调整行政裁量利益衡量的核心规范因素之一"[②]。再如，"在当下中国，公共政策在行政裁量过程中的导入已经是不争的事实。无论是作为行政裁量基准生成的智识源泉，还是个案具体裁量活动的理由说明，公共政策都真实地嵌于行政裁量的过程之中"[③]。还有的学者直言："行政裁量中存在着政策选择。因为所谓行政裁量权本身即指行政机关在行政管理中的若干个可能方案中选择其一的权力。"[④]

与第二种思路相类似，第三类研究思路也主张将主体限定为行政机关，同时承认政策裁量的存在并直接使用"政策裁量"这一称谓。例如有论者提出："政策裁量包含两层意思：一是国家宏观层面的政策裁量，指国务院及其部委办在政策制定上的选择裁量权；二是指地方层面的政策裁量，即地方政府根据实际情况，依据国家宏观政策，具体细化与执

[①]　郑春燕：《行政裁量中的政策考量：以"运动式"执法为例》，载《法商研究》，2008年第2期，第62－67页。

[②]　周佑勇、尹建国：《行政裁量的规范影响因素：以行政惯例与公共政策为中心》，载《湖北社会科学》，2008年第7期，第137－142页。

[③]　章志远：《作为行政裁量"法外"依据的公共政策：兼论行政裁量的法外控制技术》，载《浙江学刊》，2010年第3期，第143－149页。

[④]　王留一：《美国非立法性规则与立法性规则的区分标准及其启示》，载《河北法学》，2018年第3期，第147－160页。

行政策时所拥有的自由裁量权。"① 但也有部分论者对这一主张颇有微词，认为应当仅将政策裁量限定在地方政府及其公务员的权限范围内，即"地方政府及其公务员执行政策时根据本地区实际并依照职权在法律规定范围内自行判断、自行选择和自行决定以做出公正而适当的具体行政行为的权力"②。

（二）三类研究思路评析

对比剖析这三种研究思路后我们不难发现，第一类主张与后两类观点的分歧可归结于对政策类别的不同理解。显然，第一类主张是从司法机关的视角出发解读政策裁量，而后两种研究思路则是立足于行政机关的职能权限而作出的论断。而当我们将目光放回到后两类研究思路上时可以发现，"政策考量说"与"政策裁量说"间的差异主要集中于对政策浸入行政裁量过程的具体深度存在不同的认知。换言之，支持"政策考量论"的论者有意或无意地将政策视为"点缀"在行政裁量权上的"装饰"，认为政策属于行政机关在行使裁量权限过程中需要纳入考虑范围的若干因素之一；相反，支持"政策裁量论"的学者则大方地展现了对"政策"的青睐，认为有必要将对政策的思虑过程作为行政裁量全过程中的独立环节，唯有如此才能实现政策暗含的目标导向与政治指引。由此可见，"政策考量论"与"政策裁量论"这两类研究思路并非截然对立，而是相互交织的存在，后者是在前者基础上对政策在行政裁量过程中所发挥的功效作了进一步延伸。

由此可见，政策裁量是行政机关在法律适用过程中无法回避的。对

---

① 梁芷铭：《政策裁量、政策性腐败与信息公开》，载《人民论坛》，2010 年第 8 期，第 22 – 24 页。

② 司久贵：《行政自由裁量权若干问题探讨》，载《行政法学研究》，1998 年第 2 期，第 29 – 35 页。

此，有学者直言，"事实上法规中具体案件的每一种运用，都要求进行政策的选择"①。从本质上来说，行政裁量是行政机关行使行政职能、协调法治和政治的关系、保障实质正义实现的一种手段和工具。② 而政策裁量的实质则是利益衡量过程，"通过对裁量过程中所涉及各种不同利益的博弈、协调和权衡，以实现各利益之间共同'最大化'，并最终达成其实体内容的'均衡合理'"③。"法律的空缺意味着的确存在着这样的行为领域，在那里，很多东西需留待法院或官员去发展，他们根据具体情况在相互竞争的、从一个案件到另一个案件分量不等的利益之间作出平衡。"④ 行政机关及其工作人员，尤其是"街头官僚"⑤，在具体的行政执法过程中，既需要把握自身行政行为的合法性，也需要考虑在法规创造的裁量空间内做出最易为行政相对人所接受的行政行为。因此，不同于其他类别的裁量权，行政机关在行使政策裁量权时，不仅仅是在填补法律文本中的空白或是在立法者意图的基础上进行延伸，也并不仅仅是单纯地致力于探究法律文本的字面意义，而是同时着眼于将单薄的法规范与丰富的个案事实相互映照，进而实现法条背后的政策意图。⑥ 换言之，行政机关通过政策裁量将立法者制定的法律条文与个案事实相

---

① 吕世伦：《现代西方法学流派》，中国大百科全书出版社 2000 年版，第 663 页。

② 姜明安：《论行政裁量权及其法律规制》，载《湖南社会科学》，2009 年第 5 期，第 53 – 56 页。

③ 周佑勇、尹建国：《行政裁量的规范影响因素：以行政惯例与公共政策为中心》，载《湖北社会科学》，2008 年第 7 期，第 137 – 142 页。

④ [英]哈特：《法律的概念》，张文显等译，中国大百科全书出版社 1996 年版，第 134 页。

⑤ "街头官僚"（street-level bureaucracy）是西方公共行政学中的一个概念，大致指向处于基层、直接和公民打交道的公务员。这些公务员在政府雇员中占有较大的比重。Lipsky：*Street-Level Bureaucracy：Dilemmas of the Individual in Public Services*，Russell Sage Foundation，1980 年版，第 xi – xii 页。

⑥ Charles H. Koch Jr.：*Judicial Review of Administrative Policymaking*，载 *William and Mary Law Review*，2002 年第 44 卷，第 375 – 404 页。

结合，使之成为符合个案情境、基于个案重新思考后得出的"个别规范"①。有学者对此断言："在政策裁量过程中，行政机关创造了全新的权力行使路径。"② 从结果上看，结合政策裁量后得出的行政解释结论属于目标导向的功能主义解释，主要服务于个案正当性。③ 也就是说，行政机关希望在实现立法目的的同时，通过政策裁量过程妥善地解决争议、化解纠纷，更有甚者，可以通过政策裁量这一媒介在法律框架内融合可能的利益冲突。④

正因如此，本书尝试从行政解释领域切入解读政策裁量。因为"中国行政法解释的过程显然不仅仅是一项纯粹法律技术的作业，交织着各种复杂的政策考量与政治谋略"⑤。换言之，行政解释的成败往往受制于其是否能够在政策和政治层面上取得平衡。因此，行政机关在执法过程中不能仅从单一的规范角度出发，而是需要引入政治原则和权衡思维来实现行政解释的具体化、情境化及策略化，"努力通过行政法解释来释放理性的公共价值，弥补立法在一定程度上的疏漏与滞后"⑥。只有这样，行政机关才能充分应对各类复杂多样的行政争议。在这样的环境下，行政解释中的政策裁量同时背负起了"政策考量"与"行政裁量"两个不同的任务，帮助行政机关选出法律授权范围内的最适当的解释方案。由此可知，政策裁量不仅有助于保障行政决策的合法性和正当性，

---

① 雷磊：《法律论证何以可能？与桑本谦先生商榷法律论证理论的基本问题》，载《政法论坛》，2008 年第 4 期，第 138－146 页。

② Charles H. Koch Jr.：*Judicial Review of Administrative Discretion*，载 *George Washington Law Review*，1986 年第 54 卷，第 469－511 页。

③ ［德］哈特穆特·毛雷尔：《行政法学总论》，高家伟译，法律出版社 2000 年版，第 127 页。

④ 王旭：《行政法解释学研究：基本原理、实践技术与中国问题》，中国法制出版社 2010 年版，第 107 页。

⑤ 王旭：《行政法解释学研究：基本原理、实践技术与中国问题》，中国法制出版社 2010 年版，第 134 页。

⑥ 王旭：《行政法解释学研究：基本原理、实践技术与中国问题》，中国法制出版社 2010 年版，第 134 页。

还能有效填补立法过程中可能存在的空白和不足，从而实现更加公正和合理的司法裁判。

二、行政机关作为政策裁量实施主体的可行性与正当性

如前所述，政策裁量内容在行政解释中已是不可或缺的一部分，是行政机关进行利益衡量的知识源泉与必经步骤。对于政策裁量嵌入行政解释的可行性与正当性的研究是司法规制行政解释问题的前提，同时也关系到司法审查边界问题。尽管前述三类研究思路都各有所长，但考虑到"法规中具体案件的每一种运用，都要求进行政策的选择"① 的事实，我们不得不承认政策是行政机关在法律适用过程中无法回避的问题。因此，将政策裁量的实施主体限定为具备行政裁量权的地方行政机关及其公务员无疑更具有说服力。换言之，第三类研究思路更具可行性。这一点可从以下几方面的考虑中略窥其端倪，具体包括国家建设的历史背景、政策裁量的内在特质与当前行政国家制度运行的社会现实。

（一）我国法治建设历程中的传统遗留

拉伦茨曾主张："任何人想了解法的当下情况，就必须同时考量它的历史演进以及它对于未来的开放性。"② 由此，面对行政解释中的政策裁量是否具有正当性的问题，我们需将法治发展的历史情境和传统惯例纳入考察视野之中。而且在我国，这种历史传统的长期浸润下，上级行政机关的政策性指令常常更能影响下级行政机关的裁量活动，"在行政

---

① 吕世伦：《现代西方法学流派》，中国大百科全书出版社 2000 年版，第 663 页。
② ［德］卡尔·拉伦茨：《法学方法论》，陈爱娥译，商务印书馆 2003 年版，第 73 页。

系统内，政策的推行和被遵守往往是'经验化'、不证自明的"①。有学者据此提出，"'红头文件'指导下的'运动式'执法之所以欲罢不休，正是因为它体现了政策与行政的密切联结"②。也正因如此，行政机关在个案中解释不确定法律概念时会倾向于将政策裁量因素摆在较为核心的位置、给予更多的关注。更有甚者，当法规条文与上级机关制定的公共政策发生龃龉时，下级机关将"最能体现上级机关意志"的政策裁量内容作为行政解释的主体成分的举措，也就显得顺理成章了。

（二）行政与政策具有相似性与融合性

行政与政策的相似性也是我们讨论政策裁量嵌入行政解释正当性时所必须考虑的现实因素，而这种相似性反过来也促成了政策裁量在行政解释中的融合。行政与政策二者之间的相似性与融合性远胜于政策与司法之间的呼应，进一步证明了将政策裁量纳入行政机关的裁量体系进行研究的逻辑自洽性。

首先，行政与政策之间的相似性主要来源于主体的一致性。简言之，在我国的行政法语境中，公共政策的制定者与行政解释的提供者通常具有一定的重合度。制定公共政策是行政机关的工作内容之一，毕竟公共政策是"政府所选择的作为与不作为"③。这种高度相似的，甚至是相同的主体模式，促使政策裁量与行政解释在具体内容上体现出价值趋同性，二者都在一定程度上反映了行政机关的内心主观愿望和他们对过

---

① 周佑勇、尹建国：《行政裁量的规范影响因素：以行政惯例与公共政策为中心》，载《湖北社会科学》，2008 年第 7 期，第 137－142 页。

② 郑春燕：《行政裁量中的政策考量：以"运动式"执法为例》，载《法商研究》，2008 年第 2 期，第 62－67 页。

③ ［美］托马斯·R. 戴伊：《理解公共政策》（第 12 版），谢明译，中国人民大学出版社 2011 年版，第 1 页。

去、现在、未来的看法。① 而进一步的观察显示，这种高度重合的制定主体及近似的价值追求的特性，不但能够增强政策裁量对行政解释的渗透，增强两者之间的紧密度，也使得行政解释结果能够更加灵活地处理略显僵化的法律规定与复杂多变的社会现实之间矛盾的难题。这体现了学者所言的"不确定法律概念调控复杂行政行为的特殊拘束功能"②。相反，政策与司法之间的联结并没有这么紧密，这也帮助我们进一步确认了将政策裁量纳入行政机关的裁量权限范围的正当性。

其次，个案中政策裁量与行政解释的目标追求相契合。不确定法律概念是语义内容相对开放的规范形式，其目的在于让行政解释能够适应高度情境化的个案需求。③ 与此同时，政策内容产生于特定问题之后。只有当"人们在一段难以接受的时期中都有相同的问题而迫于应付，却无解决的办法"，并且该问题已经严重到需要"社会的一个部门或若干部门采取行动"的程度时，④ 才催生出政策。因此政策的本质是各个利益群体实现自我利益最大化的过程，也是决策者协调平衡需求、分配社会价值的权威性过程。⑤ 因此行政机关的政策裁量中往往包含了对当前国家政策的理解和特定行政任务的判断，进而为不确定法律概念的个案化勾画出了大体路径。由此可见，行政解释与政策裁量均致力于将当前的政策判断融入不确定法律概念的情境化之中，并在其中反映各群体的诉求与不同利益之间的权衡取舍结果，标示特定时期的社会背景与具体

---

① ［美］E. R. 克鲁斯克、B. M. 杰克逊：《公共政策词典》，唐理斌、王满传译，上海远东出版社 1992 年版，第 35 页。

② 黄舒芃：《框架秩序下的国家权力：公法学术论文集》，新学林出版股份有限公司 2013 年版，第 6 页。

③ 黄舒芃：《框架秩序下的国家权力：公法学术论文集》，新学林出版股份有限公司 2013 年版，第 6 页。

④ ［美］拉雷·N. 格斯顿：《公共政策的制定：程序和原理》，朱子文译，重庆出版社 2001 年版，第 22 页。

⑤ 廖晓明、贾清萍、黄毅峰：《公共政策执行中的政治因素分析》，载《江汉论坛》，2005 年第 11 期，第 18－21 页。

任务。进一步而言，政策裁量对当下社会发展趋势的回应能够帮助行政机关及时调整行政解释的倾向性，以便于呼应特定的行政目标与行政任务。从这个意义上来说，我们可以把政策裁量看作连通不确定法律概念与特定历史时期社会现实的桥梁，对于稳定、连贯、准确地实现特定的行政目标具有重要意义。①

（三）现代行政国家的行政效率价值追求

"每一种行政法理论背后，皆蕴藏着一种国家理论。"② 随着时代的变迁和我国社会环境的变化，行政任务多元化的困境与现代行政国家追求行政效率的价值导向"呼吁"政策裁量的出现，这些构成了政策裁量嵌入行政解释的时代背景。除行政与政策的相似性外，行政效率导向的追求也是我们讨论政策裁量嵌入行政裁量权限体系正当性必须考虑的现实因素。

一方面，行政任务渐趋复杂之现实正在"大力呼唤"行政解释中的政策裁量。德国著名行政法学者毛雷尔认为可以根据时代背景的不同将行政任务归入三类，即 17—18 世纪绝对国家时期的行政、19 世纪自由国家时期的行政与 20 世纪社会法治国家时期的行政。③ 无独有偶，著名学者哈贝马斯也将国家发展脉络归纳为三个阶段，即自由国家、福利国家与预防国家，三个阶段各自对应的主旨任务分别是：确保公民的自由免遭国家机器的侵犯、提供基本生活保障与预防风险。哈贝马斯也曾仔细勾勒出社会转型过程中行政机关面对的各种治理难题："起初是古典

---

① 余凤:《作为行政法之法源的公共政策研究》，载浙江大学公法与比较法研究所:《公法研究》（第7卷），浙江大学出版社 2008 年版，第 129 页。

② ［英］卡罗尔·哈洛、理查德·罗林斯:《法律与行政》（上卷），杨伟东、李凌波、石红心等译，商务印书馆 2004 年版，第 28 页。

③ ［德］哈特穆特·毛雷尔:《行政法学总论》，高家伟译，法律出版社 2000 年版，第 14 – 18 页。

的维持秩序，然后是对社会补偿的公正分配，最后是应对集体性的危险情况。"① 有学者指出，"在当代中国，存在着哈贝马斯描绘的三阶段国家任务齐上阵、社会利益分化日趋明显的现状"②。此外，也有学者将现代行政国家中的行政法发展趋势概括为"六化发展"，即行政法之国际化、行政决策之民主化、行政行为之非制式化、行政任务之民营化、行政组织之私有化，以及行政法关系之多面化。③ 这一论断也为我们解读行政国家的现实轮廓提供了清晰的指引。

另一方面，追求行政效率的价值导向也为政策裁量在行政解释领域中的存在提供了正当性基础。学界已注意到行政任务数量和质量不断增长的现实情况，并指出这个新趋势带来的影响是"传统的以行政行为类型化为核心的规范结构体系，在不断推陈出新的规制手段面前渐渐力不从心"④。我们生活的时代是"一个行政改革不断加速的时代、一个行政法制度处于变迁跌宕的时代"⑤，社会环境发生诸多变化，这一时代背景无疑增强了提升行政效率诉求的迫切性。更有学者提议在行政法基本原则中增设"行政效能原则"，以此来激励行政机关提高行政效率，提升行政行为的理性、民主性和可接受性，实现行政的合目的性与合规律性的统一。这一价值追求得到部分国家和地区的响应，其纷纷将提升行政效能作为立法目的之一。⑥ 20 世纪 80 年代西方发达国家掀起的"新公

① ［德］哈贝马斯：《在事实与规范之间》，童世骏译，生活·读书·新知三联书店 2003 年版，第 537 页。
② 郑春燕：《行政任务取向的行政法学变革》，载《法学研究》，2012 年第 4 期，第 17 - 20 页。
③ 林腾鹞：《行政法之演进与新趋势》，载《东海法学研究第十三期》，1998 年第 12 期，第 48 - 56 页，转引自廖义铭：《行政法基本理论之改革》，翰芦图书出版有限公司 2002 年版，第 21 页。
④ 蒋成旭：《土地发展权转移制度的合宪性困境与行政补偿理论的应对》，载《甘肃行政学院学报》，2015 年第 6 期，第 116 - 124 页。
⑤ 章志远：《个案变迁中的行政法》，法律出版社 2011 年版，第 58 页。
⑥ 朱新力、唐明良等：《行政法基础理论改革的基本图谱："合法性"与"最佳性"二维结构的展开路径》，法律出版社 2013 年版，第 54 - 61 页。

共管理运动"正是对行政效率追求的积极响应。彼时，新公共管理运动的倡导者们纷纷主张将私人部门所强调的一些价值观念（最重要的是效率）引入公共部门，强调公共部门要向私人部门看齐，以提高效率为核心。① 这股行政效率导向的改革风潮也对法律解释领域产生了深刻影响，有学者甚至提出"法律解释不应受正义指引，而应由效率指引"②。

受到这股行政效率导向改革风潮的影响，我国行政机关也需要将提升行政效能作为工作内容之一。在这样的情境下，将政策裁量内容纳入行政裁量过程恰是明智之举。与将政策视为若干因素之一的"政策考量论"相比，"政策裁量论"主张由行政机关在执法活动过程中通过政策裁量在公共政策与社会现实之间搭建起沟通的桥梁，通过政策裁量实现利益权衡，由此来保障执法结果更加适应社会规范治理的现实。这一思考逻辑将立足点寄托于政策裁量自身的灵活性与权衡性上，使得行政机关在填补立法空白的同时，也能够充分满足行政效率的追求，最大限度地保留了行政解释结果的理性化，并与行政法改革实践中的效率导向相呼应。

基于上述考虑可知，将政策裁量的实施主体限定为具有行政裁量权的行政机关更具可行性与正当性。值得一提的是，当把政策制定者限定为行政机关时，从国家层面来讲，"政策"与"公共政策"之间的差异不大，均是主要由代表公众和民意的政府机关和政府官员制定，并在内容上着重突出价值中立性。

---

① ［美］盖伊·彼得斯：《政府未来的治理模式》，吴爱明译，中国人民大学出版社2001年版，第126页。

② ［美］乌戈·马太：《比较法律经济学》，沈宗灵译，北京大学出版社2005年版，第37页。

第二节 政策裁量的研究领域：行政解释过程

在我国的行政执法活动过程中，政策裁量或直接、或间接地在行政解释中扮演着重要的角色，对行政决定具有一定的引导作用。也正因如此，我们可以将行政解释过程视为行政与政策的对话，从行政解释过程着手探索政策裁量的基本原理。

一、政策裁量在法律框架内运作

学理上通常将行政裁量视为行政机关"依据立法授权，在一定范围内自主确定条件、程序、方式与结果的行政权力"[①]。作为行政裁量内在分支的政策裁量，其所具有的"在法律框架内行动"的特质并不因公共政策的介入而有所改变。政策裁量的这种特质恰恰体现了不确定法律概念对于行政机关的拘束性功能。换言之，行政机关必须在法律法规所包含的不确定法律概念所建构的框架内开展政策裁量，这也是政策裁量的正当性所在，将政策裁量这一特殊过程与其他无足轻重的考量性因素区别开来。可以说，法律框架为政策裁量划定了大致的运作范围，而政策裁量反过来会对法条文义的解释结果产生影响。

---

① 郑春燕：《行政裁量中的政策考量：以"运动式"执法为例》，载《法商研究》，2008年第 2 期，第 62 - 67 页。

二、我国行政解释过程的特殊性

鉴于"法条有尽、情势无穷"的客观现实，法律解释是立法完成后使法条文本从模糊不清走向语义内容较为明确的必经之路。当面对混沌难解的事实时，行政机关的首要选择是运用狭义法律解释方法解读现行有效的法规范。学界已基本达成共识，在这一过程中，文义解释是行政机关在个案中解释法律条文时的起点，行政解释不能背离法规条文的文字意义可能性范围。[①] 若行政机关无法通过文义解释对不确定法律概念作出恰当解释，就需适用其余几类解释方法，如体系解释、法意解释、比较解释、目的解释及合宪解释等解释方法。学理上将这些常用的解释方法统称为"狭义的法律解释方法"。[②] 在很多学术著作中，人们提及法律解释方法时，总是绕不开对这几类狭义法律解释方法的讨论，但较少提及除此以外的法律解释基准。在这一思维方式下，法院无疑是绝对的权威机构，但实践证明行政机关的解释功能同样不可忽视。

现代社会多元复杂，有限的法律条文难以完全覆盖千差万别的行政法问题。当面对临界案例[③]时，即使立法者作了尽可能详细的规定，若仅依赖于狭义法律解释，行政机关也常常会有束手无策之感。出于对行政公益性的考虑与个案正义的法治要求，立法者往往会为行政机关预留一部分自主空间，便于行政机关及时根据个案情境调整自己的行为。[④] 因此，如若通过狭义法律解释仍无法顺利解决问题，或是依据狭义法律解释存在"复数解释"可能性时，行政机关如何运用其自主空间进行回

[①] 翁岳生：《行政法》（上册），中国法制出版社 2009 年版，第 215 页。

[②] 杨仁寿：《法学方法论》（第 2 版），中国政法大学出版社 2013 年版，第 138 页。

[③] 杨仁寿：《法学方法论》（第 2 版），中国政法大学出版社 2013 年版，第 183 页。

[④] 李建良：《行政法基本十讲》（第 5 版），元照出版公司 2014 年版，第 263 页。

旋，进一步确定法律概念的含义，便成为摆在其眼前的棘手难题。美国著名行政法学者皮尔斯直言，行政机关对于当下正在执行中的法条的解读不单单是法律解释，更是政策裁量实施过程。[1] 显然，行政解释过程为我们分析政策裁量提供了一个合适的研究平台。当面对这样的困境时，利用政策裁量发掘出合适的个案行政解释无疑是一条可行路径。

另外，"中国行政法解释的过程显然不仅仅是一项纯粹法律技术的作业，还交织着各种复杂的政策考量与政治谋略"[2]。具体而言，现阶段的行政争议背后往往牵连着复杂利益纠纷，"行政审判游弋于各种权力壁垒与利益山头之间"[3]，这些问题无法简单地运用法律解释手段来解决。在这样的环境下，行政解释中的政策裁量同时背负起了"政策考量"与"行政裁量"两个不同的任务。

三、作为狭义法律解释功能延伸的政策裁量

如前所述，狭义法律解释方法是行政解释过程中的常用方法。那么此时一个无法回避的问题就是，在行政解释所搭建的空间中，如何理解狭义法律解释方法与政策裁量之间的关系？对这一问题的正面解读有利于理解政策裁量的特质。

究其本质，狭义法律解释与政策裁量之间既有联系，又有区别。从外部观察者的视角来看，狭义法律解释与政策裁量之间似乎存在重叠之处。例如，二者都涉及对不确定法律概念的解释，都需要在基础文义的

---

[1] Richard J. Pierce Jr.：*How Agencies should Give Meaning to the Statutes They Administer：a Response to Mashaw and Strauss*，载 *Administrative Law Review*，2007 年第 59 卷，第 197 - 205 页。

[2] 王旭：《行政法解释学研究：基本原理、实践技术与中国问题》，中国法制出版社 2010 年版，第 134 页。

[3] Richard J. Pierce Jr.：*How Agencies should Give Meaning to the Statutes They Administer：a Response to Mashaw and Strauss*，载 *Administrative Law Review*，2007 年第 59 卷，第 197 - 205 页。

基础上对现有的法律条文作进一步的扩展；又如，行政机关在完成狭义法律解释的基础上，合理运用政策裁量，以公共政策为指引来扩展完善其解释结论，以保证个案行政解释结果与当时当地的规制环境和发展目标相契合。但仔细考虑之后可以发现，两者之间存在泾渭分明的差别。

一方面，狭义法律解释与政策裁量的关注重点不同，狭义法律解释重视法规范本身，而政策裁量则更关注个案情境中的公共政策因素。

尽管在狭义法律解释与政策裁量中行政机关都需要将个案事实、地区差异等因素纳入考量范围，但究其本质，狭义法律解释是一种单纯的文义推理活动，在狭义法律解释过程中，行政机关的首要任务是在法条文义的涵盖范围内对内涵模糊的法律概念作出解释，其解释结论不能逾越字面文义所设定的框架。不同于狭义法律解释对于法条本身的重视，政策裁量对行政机关的要求并不是尽力使法律概念做到通俗化，而是需要行政机关在解释过程中贯彻公共政策的价值要求与内容指引，究其本质，个案行政解释是传达目的与价值的过程。在政策裁量过程中，行政机关的分析对象不再仅仅局限于法条的字面文义；真正起主导作用的是当时当地的公共政策及其背后的价值导向和所反映的社会发展方向。[①]在这个过程中，行政执法既要体现立法者的意志，也需落实公共政策。政策裁量在考虑现行政策的基础上，偏重对解释结果的潜在社会效果的预测与评估。[②]在高度情境化的个案行政解释中，公共政策（不论是口头式的还是行政规范性文件式的）作为特定时期社会发展的上级机关判

---

① Charles H. Koch Jr.：*Judicial Review of Administrative Policymaking*，载 *William and Mary Law Review*，2002 年第 44 卷，第 375－404 页。

② 有论者可能会提出，社会学解释同样重视对于社会效果的考虑，在功能上可以与政策裁量相互替换。笔者认为，尽管在注重解释结论的社会效果上存在相似之处，但二者还是存在本质的区别：社会学解释方法是立足于社会效果的解释方法，是文义解释的延伸，并不偏重公共政策内容；而政策裁量是行政机关基于公共政策行使裁量权的方式，注重公共政策对解释结论的指引功能。关于社会学的解释方法，参见杨仁寿：《法学方法论》（第 2 版），中国政法大学出版社 2013 年版，第 183 页。

断隆重登场。政策裁量正是行政机关通过规范化形式运用公共政策影响行政决定的完整呈现。

另一方面，行政机关在狭义法律解释与政策裁量过程中承担着不同的职责，狭义法律解释与政策裁量并非绝对隔离的两个过程。

皮尔斯认为，在政策裁量过程中，行政机关有时需要引用狭义法律解释过程中的部分决定性因素，当法条明确规定可以考虑某些事实因素时，行政机关在政策裁量过程中必须予以引用。[①]

与此同时，法律系统具有"在规范上闭合、在认知上开放"的特征，"它要求在系统与环境之间进行信息交换"。[②] 在狭义法律解释结果的基础上，行政机关需要继续完成政策裁量过程。换言之，行政机关应以公共政策为指引，对狭义法律解释结论作进一步的延伸，使个案行政解释结果更加契合当时当地的规制环境与发展目标。值得注意的是，尽管政策裁量能够通过各种不同利益的博弈、协调和权衡实现化解冲突、平衡利益的目的，但它不是万能的。政策裁量的作用领域需从狭义法律解释的"射程"之外开始。从这个意义上来说，政策裁量可被视为行政机关基于狭义法律解释所作的延伸。

四、政策裁量与法律漏洞填补的功能较为相近

政策裁量与法律漏洞填补的功能具有异曲同工之妙。有论者可能会质疑政策裁量与法律漏洞的关系。"所谓法律漏洞指的是应有的法律规范出现缺失或者规范文义明显无法表达立法意旨的情形，又称为'违反

[①] Richard J. Pierce Jr.：*How Agencies should Give Meaning to the Statutes They Administer：a Response to Mashaw and Strauss*，载 *Administrative Law Review*，2007 年第 59 卷，第 197 – 205 页。

[②] 卢曼：《法律的自我复制及其限制》，韩旭译，载《北大法律评论》，1999 年第 2 卷第 2 期，第 446 – 469 页。

计划的不圆满性'。"① 回顾法律漏洞的产生根源可以发现，法律漏洞一般基于三个原因而产生：立法者考虑不周全、社会形势发生了重大改变，以及立法者放弃对某个问题进行规定。② 从这一点来说，法律漏洞填补与政策裁量具有相似性，二者的结果都超出了法律概念自身所划定的文义范围，都需要行政机关创造性地行使其职能以实现"法律所意图的多义性"③。令人遗憾的是，我国传统行政法学研究并不认可行政机关填补法律漏洞的功能。④ 因此，当面临特殊问题，如法律空白、法律冲突、法律适用损害社会正义等时⑤，行政机关无法直接通过漏洞填补的方式进行完善，而需经由政策裁量来实现"曲线救国"。此时，法律漏洞填补与政策裁量具有殊途同归之效。

第三节　政策裁量的目的：
在行政解释过程中进行价值权衡

　　除实施主体、研究领域外，政策裁量的目的也是我们讨论政策裁量构成要件时必须考虑的一项重要内容。前已述及，为满足个案正义的需求，行政机关可以借助政策裁量对狭义法律解释作进一步的延伸。而这

---

① ［德］卡尔·拉伦茨：《法学方法论》，陈爱娥译，商务印书馆2003年版，第254页。
② 李洪雷：《行政法释义学：行政法学理的更新》，中国人民大学出版社2014年版，第154页。
③ ［日］田村悦一：《自由裁量及其界限》，李哲范译，中国政法大学出版社2016年版，第76页。
④ 章剑生：《现代行政法总论》，法律出版社2014年版，第102页。
⑤ 李友根：《司法裁判中政策运用的调查报告：基于含"政策"字样裁判文书的整理》，载《南京大学学报》（哲学·人文科学·社会科学），2011年第1期，第40－57页、158－159页。

一延伸过程的指向始终包含在公共政策的价值导向范围内。

一、政策裁量的实质是利益衡量过程

从本质上来说，行政裁量是"行政机关行使行政职能，协调法治和政治的关系，保障实质正义实现的一种手段和工具"[①]。政策裁量作为行政裁量的一个分支，自然沿袭了这种协调、平衡的职能。具体而言，政策裁量的实质是利益衡量过程，以及通过对裁量过程中所涉及的各种不同利益的协调和权衡，在各方利益团体之间寻找"利益公约数"的最大值，并最终达成妥协，保证实体内容的均衡合理。政策裁量的价值权衡目标主要是出于如下方面的考虑。

第一，政策裁量有助于解决行政解释过程中的利益争端，进而保障行政解释结论符合公共政策的目标导向。不确定法律概念是语义内容相对开放的规范形式，其解释目的在于让行政解释能够适应高度情境化的个案需求。在行政解释过程中，不可避免地需要在若干彼此竞争的利益价值之间进行排序与判断。与此同时，"公共政策过程的本质是一个政治过程，是各种社会主体运用其所掌握的政治资源，表达其利益要求和愿望，影响政府决策，以期在最后的政策结果中，使自己的利益偏好得到优先照顾，实现自我利益最大化的过程，也就是政策决策者运行其所掌握的政治权力，对各种社会利益需求进行协调和平衡，进行社会价值权威性分配的过程"[②]。行政机关可以在实现立法目的的同时，通过政策裁量过程妥善地解决争议、化解纠纷，甚至可以通过政策裁量这一过程

[①]　姜明安：《论行政裁量权及其法律规制》，载《湖南社会科学》，2009 年第 5 期，第 618－624 页。

[②]　廖晓明、贾清萍、黄毅峰：《公共政策执行中的政治因素分析》，载《江汉论坛》，2005 年第 11 期，第 18－21 页。

在法律框架内融合可能的利益冲突。

第二，政策裁量可以引导行政解释结果适应社会发展方向。由于摆在行政机关面前的问题大多具有"高程度的复杂性、情境依赖性和不确定性，以至于它无法事先在想象中被充分认识，也无法事后在规范上加以最后确定"①。面对这一系列崭新的研究课题，学者们纷纷开始着力探索应对策略。"行政法必须有所调整"的论断获得了一致支持，但各类学说在调整路径的理论建构上仍颇有分歧。② 而我们将思路从立法规制模式转向政策裁量便可发现，"公共政策具有面向未来的功能，可以引导行政适应社会的变迁"③。与此同时，政策裁量内部隐含的价值选择和利益角力恰好可以妥善处理繁重的行政任务与有限的条文规定之间的微妙关系。在这一复杂过程中，行政机关可以摆脱机械式执行法律的窠臼，转而通过政策裁量将价值权衡纳入自身的解释之中，使行政解释结果更加贴合时代发展的要求，为行政决定提供充分的知识资源。由此，我们也可将政策裁量视为推动我国法治建设的重要引擎。

二、政策裁量与目的解释的区分

不同于为了保护特定个人权益而作出的行政决定，公共政策是旨在实现集体目标或保护群体利益的决定。④ 由此可知，行政机关在行使政策裁量权时的价值追求之一便是确保公共利益的实现。公共利益也是法规范本身所承载的价值性内容，立法者在制定相关法律法规时，通常会

---

① ［德］哈贝马斯：《在事实与规范之间》，童世骏译，生活·读书·新知三联书店 2003 年版，第 553 页。

② 廖义铭：《行政法基本理论之改革》，翰芦图书出版有限公司 2002 年版，第 23 页。

③ 章剑生：《现代行政法总论》（第 2 版），法律出版社 2019 年版，第 78 页。

④ Ronald Dworkin：*Hard Cases*，载 *Harvard Law Review*，1975 年第 6 期，第 1057 - 1109 页。

将"维护公共利益"杂糅进法规范的立法目的条款中，以此来把控该法规范的运行方向，以防法规范因失去正规价值目标的引导而沦为"恶法"。① 这样的立法目的便构筑起了狭义法律解释的界限，行政机关通过狭义法律解释得出的行政解释结论须限定在立法目的的"射程"之内。换言之，"法解释不得逾越法律目的"②。此时，当行政机关在狭义法律解释之外需额外进行政策裁量时，论者难免会产生一个理论困惑：既然立法目的与政策裁量都涉及公共利益的内容，那么应如何在目的解释与政策裁量之间进行区分？换言之，行政机关在政策裁量中所考虑的内容是否与目的解释的内容相重合？

在展开正面的对比分析之前，首先对"立法目的"作初步解读。法规范的立法目的对于行政解释过程而言具有重要意义，这已经成为行政法学界的共识。德国著名学者耶林曾指出："目的乃系一切法律的创造者。"③ 拉伦茨将立法目的列入法律解释方法的内在程序之中。④ 关于立法目的的讨论，有主观立法目的说、客观立法目的说、折中说三类。拥护主观立法目的说的学者主张探究历史上的法律制定者的意图，其所依赖的资料大多是立法过程中保留下来的史料，学理上称为"历史解释"；支持客观立法目的说的学者认为，应重点探究法条文义在适用法律时而非制定法律时的抽象意思，学界也常称之为"目的解释"；赞成折中说的论者认为，须同时兼顾立法者的主观意思与法律文义的客观意思，力

---

① 章剑生：《现代行政法总论》，法律出版社 2014 年版，第 95 页。
② 章剑生：《现代行政法总论》，法律出版社 2014 年版，第 99 页。
③ 杨仁寿：《法学方法论》（第 2 版），中国政法大学出版社 2013 年版，第 72 页。
④ 拉伦茨对各类法律解释方法作了排序：字义解释优先，这也是法律客观性的要求；如果字义解释模糊，则要进入体系解释，通过上下文和相关规范来解释；如果仍然存在不同的理解，则要进入立法解释；如果未能探究清楚立法解释，则可以进行目的解释，目的解释中合宪性的解释优先。参见［德］卡尔·拉伦茨：《法学方法论》，陈爱娥译，商务印书馆 2003 年版，第 219 – 221 页。

求发掘客观化的立法者意图，探究法律在"今日"的规范意义。① 当前
学界主流一般支持客观立法目的说。而为了探索法规范的客观立法目
的，行政机关需要将法条文字之中所蕴含的、"犹抱琵琶半遮面"的立
法目的"分解、摊开并且予以说明"。②

前文已提及，立法目的与政策裁量在公共利益上或有交集。但除此
之外，二者在价值导向上各有偏向。总的来说，客观目的解释与政策裁
量之间存在较大差异。

第一，当面对个案行政解释问题时，客观目的解释与政策裁量能实
现的效果截然不同。客观目的解释的重点落于实现法的安定性，③ 而政
策裁量重在实现政策所提示的管制目标与社会效果，其实质是在利益衡
量与价值权衡中满足社会需要。两者有时相互交叉，有时相互抵牾。当
争议问题涉及公共利益、个人权益时（如公民生命、自由、尊严和公私
财产安全等），客观目的解释与政策裁量重合度较高，力求维护良好的
社会秩序、保障善良风俗。毕竟，行政的目的就在于确保公益（或公共
性）的实现。此时，行政机关以实现公共利益的方式来遵守法律。④ 而
当争议问题涉及政治任务等问题时，两者产生冲突的可能性较大。毕
竟，"无论是基于社会环境事实条件的变迁，或是因为宪法中国家观的
改变，只要国家与其国民之间的关系有重大的改变，行政法体系就不能

---

① 关于主观立法目的说与客观立法目的的说的详细论述，参见翁岳生：《行政法》（上册），
中国法制出版社 2009 年版，第 214 页；章剑生：《现代行政法总论》，法律出版社 2014 年版。
另外，也有学者提出，对于主客观立法目的说之间的争议，可以采取"主观意思初步优先说"，
即在一般情形下，主观意思优先于客观意思；在特殊情形下，客观意思优先于主观意思。参见
雷磊：《再论法律解释的目标：德国学说中主/客观说之争的剖析与整合》，载雷磊：《规范理论
与法律论证》，中国政法大学出版社 2012 年版，第 145 - 147 页。当然，这只是一家之言。相
比较而言，"客观目的优先"的观点往往更受青睐。
② ［德］卡尔·拉伦茨：《法学方法论》，陈爱娥译，商务印书馆 2003 年版，第 192 页。
③ 杨仁寿：《法学方法论》（第 2 版），中国政法大学出版社 2013 年版，第 173 页。
④ ［德］拉德布鲁赫：《法学导论》，米健、朱林译，中国大百科全书出版社 1997 年版，
第 130 页。

不随之变异"①。公共政策正暗含了社会发展动态趋势与特定时期上级机关对于下级行政机关的期盼。从这个角度来说，若个案中仅涉及简单的价值取向问题，客观目的解释可以将政策裁量涵盖在内，毕竟两者的目标都是要将立法者或主动或被动"遗忘"了的因素纳入行政解释结论中。但是，当涉及特殊的政策任务时，政策裁量对于特殊时期、特殊地点的规制任务的重视远胜于客观立法目的对于公共政策的关注，行政机关可以借助政策裁量使政策因素在个案行政解释结论中占有特别的权重。

第二，面对多元复杂的法律问题，过于依赖客观法目的所得出的答案往往难以令人信服。因此，在个案行政解释过程中，若遵循狭义法律解释方法得出的解释结果存在"复数可能性"，或是争议问题超出了目的解释所设定的框架，行政机关可以利用公共政策来作进一步的补充。并在得出狭义法律解释结果后，用政策裁量结果加以检验，以保证行政解释符合时代要求。在此需要注意，政策裁量并非所有个案行政解释活动的必经过程，正如不是每一次法律解释都需要走向目的解释。对于简易案件，充分的狭义法律解释过程便足以应对。唯有面对复杂的"临界案件"时，政策裁量才能有用武之地。此时，个案行政解释任务并非单纯地挖掘法条文义的内涵，而是沿着法定的轨道选择与时代要求最为契合的解释结论。唯有如此，行政机关才能摆脱机械式行政的禁锢，增强行政解释的个案适应性，使行政决定更为合理妥帖。毕竟，"法律制定于现在而适用于未来，必然产生旧规范如何适应新现实的问题"②。从功能角度来看，行政解释活动中的政策裁量可以充当僵硬的法规与灵活的

---

① 陈爱娥：《行政行为形式－行政任务－行政调控：德国行政法总论改革的轨迹》，《月旦法学杂志》，2005 年第 5 期，第 9－18 页。
② 孔祥俊：《法律方法论：法律解释的理念与方法》，人民法院出版社 2006 年版，第 885 页。

行政任务之间的缓冲带，兼顾公平与效率，在控权的同时推进善治。

因此，客观目的解释无法将政策裁量囊括在内，政策裁量在行政解释过程中具有独特的存在意义。

我国的行政法学研究在激烈的社会变革中快速发展，希冀实现"把解决中国实际问题、实现有效的社会控制与治理的要求渗透到法律及其运作的整个过程之中，从而形成与中国国情相适应的法治体系"①。这些都是我国当下的法学理论研究需要面对的现实课题。其中，囿于法律体系的封闭性与法律语言的模糊性，对行政解释中的政策裁量过程进行理性规制具有相当的重要性和紧迫性。

本章无意也不可能全面完成行政解释的分析与归纳，而是把焦点集中在政策裁量上，对这一传统行政法学研究经常提及，但甚少投入关注的领域进行深入探索，旨在借助行政解释过程，对政策裁量内在构成及基本运作原理进行挖掘，进而加强行政法学理论与公共政策之间的互动交流。

---

① 顾培东：《中国法治的自主型进路》，载《法学研究》，2010 年第 1 期，第 3 - 17 页。

第三章

揭开政策裁量的"面纱"：
政策裁量司法审查的运作机理*

---

    * 本章的主要内容曾以《论政策裁量的司法审查》为题发表于《行政法学研究》2024 年第 4 期,第 124 – 135 页。

为进一步厘清政策裁量在行政解释司法审查中的运行现状，我们需要对鲜活的司法实践案例作进一步的观察与梳理。鉴于《最高人民法院公报》上刊发的案例具有典型性、真实性、公正性和权威性等特点，本章对"北大法宝"数据库中收录的《最高人民法院公报》案例及典型案例作了筛选，共选出近百个涉及行政解释问题的行政法案例。在对这些案例进行进一步阅读分析与归纳总结后，最终筛选出十余个涉及被诉行政机关的政策裁量内容的案例。① 诚然，本书的筛选范围有限，无法穷尽中国司法实践中涉及行政解释的全部案件，但考虑到《最高人民法院公报》案例的重要意义，并且所研究的案例均具有一定的代表性，这就为我们研究行政解释中的政策裁量提供了一个良好的契机。由于各地、各级法院及不同的法官在判决书的撰写方面具有不同的习惯和偏好，因此并非所有的裁判文书均详细记载了行政解释中涉及政策裁量的内容，这也是前述"最终筛选出十余个"案例的原因所在。

本章以案例为分析样本，在深入剖析判决书的基础上，从制度与理论角度思考行政解释中的政策裁量在司法审查中的运行现状与深层机理，希冀以此形塑该类型案件的审判逻辑，为司法实践提供一个稳定的、具有可操作性的法律框架。

第一节　政策裁量在司法实践案例中的呈现样态

政策裁量在行政解释中的踪迹看似清晰可辨，但当我们将目光投向

---

① 其余案例中虽然或多或少提及行政解释的内容，但因为判决书中均未详细列出行政机关如何运用公共政策进行政策裁量，故略去。

现实中的行政判决时可以发现，行政解释与政策裁量的内容往往高度重合，难以作简单的区分。根据政策裁量在高度情境化的行政解释中的呈现样态，可以将案例分为"行政机关援引政策文件进行政策裁量"与"行政机关受政策精神指引进行政策裁量"两大类。

一、直接呈现：行政机关援引政策文件进行政策裁量

当面对争议问题时，行政机关有时会选择直接提及或援引当时当地的政策文件内容进行政策裁量。这些政策文件形式多样，包括但不限于上级行政机关针对现实问题发布的行政规范性文件，如命令、决定、公告、通告、通知、通报、议案、报告、请示、批复、意见、函、会议纪要等。[①] 有时，行政机关在诉讼过程中列举相关政策文件来证明其政策裁量的正确性，并作为政策裁量的理论支持。

在"益民公司诉河南省周口市政府等行政行为违法案"[②] 中，原告益民公司因不服被告河南省周口市政府通过颁布《关于河南亿星实业集团有限公司独家经营周口市规划区域内城市管网燃气工程的通知》（周政〔2003〕54 号）的方式授予河南亿星实业集团有限公司（以下简称亿星公司）城市天然气独家经营权的行为而提起诉讼。在案件审理过程中，被告周口市政府为证明其所作行政决定的正确性，主动公开了其作出决定过程中纳入考虑范围的诸多政策文件，包括周口市发展计划委员会《周口市燃气城市管网项目法人招标方案》及《补充通知》、河南省发展计划委员会《关于周口市城市燃气输配管网工程项目建议书的批复》（豫计投资〔2001〕839 号）、河南省建设厅《关于周口市天然气输

---

① 温辉：《政府规范性文件备案审查制度研究》，载《法学杂志》，2015 年第 1 期，第 9 - 21 页。

② 案件中所涉及的机构、机关名称均为当时的官方名称，本书保留，后同。——编辑注

配工程可行性研究报告审查意见的函》(豫建综计〔2003〕88 号)等文件。①

在"念泗三村 28 幢楼居民 35 人诉扬州市规划局行政许可行为侵权案"中,原告以被告扬州市规划局颁发的 2003076 号《建设工程规划许可证》侵犯了原告合法权益为由提起诉讼。被告主张,涉诉行政许可行为在作出过程中已将江苏省人大常委会颁布的《江苏省实施〈中华人民共和国城市规划法〉办法》,以及扬州市规划委员会的《扬州市规划委员会第十四次会议纪要》和《扬州市规划委员会第十六次会议纪要》等政策文件纳入考量范围。显然,被告扬州市规划局试图以这种方式来证明其所作出的行政许可决定经过了严密的政策裁量,因此符合当时当地的社会发展需求。②

在"溆浦县中医院诉溆浦县邮电局不履行法定职责案"中,原告湖南省溆浦县中医院以被告湖南省溆浦县邮电局(以下简称溆浦县邮电局)不履行"120"急救专用电话开通职责为由提起诉讼。被告溆浦县邮电局认为,原告溆浦县中医院申请"120"急救电话,不符合湖南省卫生厅、湖南省邮电局发布的《关于规范全省"120"医疗急救专用电话管理的通知》(〔1997〕15 号)。显然,被告溆浦县邮电局认为自己已经依据〔1997〕15 号文件的内容对这一问题作了适当的政策裁量,因此不应被认为是不履行法定职责。③

在"邵某国诉黄浦区安监局安全生产行政处罚决定案"中,被告上海市黄浦区安全生产监督管理局(以下简称黄浦区安监局)以原告邵某国是上海麦克西饼有限公司(以下简称麦克西饼公司)一次工伤事故的主要责任人为由,对其作出了安全生产行政处罚决定(第 2120050024

---

① 参见《最高人民法院公报》2005 年第 8 期(总第 106 期)。
② 参见《最高人民法院公报》2004 年第 11 期(总第 97 期)。
③ 参见《最高人民法院公报》2000 年第 1 期(总第 63 期)。

号行政处罚决定)。原告不服,遂起诉,并在法庭质证环节提出质证意见。对此,被告黄浦区安监局提交了国家安全生产监督管理总局(以下简称国家安监总局)① 办公厅发布的《关于〈安全生产法〉第 80 条和第 81 条法律适用问题的复函》(安监总厅函字〔2005〕108 号),以及上海市人民政府的有关文件作为补充证据。被告黄浦区安监局以此来证明其在作出涉案行政处罚决定时已将当时的政策文件纳入考量范围并进行了政策裁量。②

在"夏某荣诉徐州市建设局行政证明纠纷案"中,核心争议是被告徐州市建设局给第三人徐州市恒信房地产开发有限公司所建造的拆迁安置房颁发《住宅竣工验收合格证书》是否合法。被告徐州市建设局提出,在其颁发验收合格证书时,依据国务院发布的《城市房地产开发经营管理条例》、建设部发布的《城市住宅小区竣工综合验收管理办法》、徐州市建设委员会发布的《关于修改住宅小区竣工验收标准的通知》等政策文件进行了政策裁量。③

在"铃王公司诉无锡市劳动局工伤认定决定行政纠纷案"中,原告铃王公司因不服被告无锡市劳动和社会保障局(以下简称无锡劳动局)作出的《工伤认定决定书》(锡劳工伤认〔2005〕0491 号)而提起行政诉讼。被告无锡劳动局答辩称,为落实《工伤保险条例》,江苏省劳动和社会保障厅于 2005 年 3 月 10 日发出《关于实施〈工伤保险条例〉若干问题的处理意见》。其中,第 19 条规定:"《条例》实施前已受到事故伤害或者患职业病的职工,自 2005 年 4 月 1 日起申请工伤认定的,适用法律时坚持实体从旧、程序从新的原则。"被告无锡劳动局在作出 0491 号工伤认定书时,沿循着这一政策文件的指引,遵照实体从旧、程序从

---

① 2018 年 3 月,第十三届全国人民代表大会第一次会议批准了《国务院机构改革方案》,组建中华人民共和国应急管理部,不再保留国家安全生产监督管理总局。

② 参见《最高人民法院公报》2006 年第 8 期(总第 118 期)。

③ 参见《最高人民法院公报》2006 年第 9 期(总第 119 期)。

新的原则，在对案件事实进行调查取证后，认定受伤职工所受伤害是工伤。显然，被告无锡劳动局的政策裁量内容与上级机关江苏省劳动和社会保障厅所发布的《关于实施〈工伤保险条例〉若干问题的处理意见》一脉相承。①

在"黄某成等 25 人诉成都市武侯区房管局划分物业管理区域行政纠纷案"中，原告黄某成等 25 人因不服被告四川省成都市武侯区房地产管理局（以下简称武侯区房管局）将"中央花园清水河片区"划分为 5 个物业管理区域的行政行为而提起诉讼。被告武侯区房管局在案件审理过程中主动公开了其在决策过程中作为政策裁量内容依据的诸多政策文件，主要包括成都市人民政府发布的《成都市住宅小区与高层楼宇物业管理暂行规定》（成府发〔1998〕65 号）、成都市房地产管理局发布的《成都市物业管理业主大会规则（试行）》（成房物业管理〔2003〕3号）等规范性文件。②

在"中海雅园管委会诉海淀区房管局不履行法定职责案"中，原告中海雅园物业管理委员会以被告北京市海淀区国土资源和房屋管理局（以下简称海淀区房管局）不履行备案法定职责为由提起诉讼。被告海淀区房管局答辩称，依据《关于开展组建居住小区物业管理委员会试点工作的通知》（京房地物字〔1997〕485 号）、《关于全面开展组建物业管理委员会工作的通知》（京房地物字〔1998〕308 号）、《关于物业管理委员会委员补选、改选、换届选举及变更事项的通知》（京国土房管物字〔2001〕1083 号）、《北京市物业管理招投标暂行办法》（京国土房管物字〔2001〕258 号），被告依照职权可以决定对原告提交的备案材料进行审查并决定是否登记备案。③

---

① 参见《最高人民法院公报》2007 年第 1 期（总第 123 期）。
② 参见《最高人民法院公报》2005 年第 6 期（总第 104 期）。
③ 参见《最高人民法院公报》2004 年第 5 期（总第 91 期）。

二、间接呈现：行政机关受政策精神指引进行政策裁量

当没有正式的政策文件时，行政机关会倾向于在法律适用过程中依据相应的政策性文件精神来间接导入政策裁量，或是在其能力范围内寻找政策性文件精神的指引。仅从表面上看，行政解释不直接涉及公共政策，但究其本质，政策精神在个案行政解释中隐约可见。这类政策精神没有固定的表现形式，大多以较为隐蔽的方式藏匿于政策裁量之中，如全国性重要会议期间的安全需求、行政机关的直属上级部门的批示等。

在"宜昌市妇幼保健院不服宜昌市工商行政管理局行政处罚决定案"中，面对"宜昌市妇幼保健院能否被认定为市场主体的经营者、是否属于反不正当竞争法调整的范围"的问题，被告宜昌市工商行政管理局（以下简称宜昌工商局）指出，原告宜昌市妇幼保健院虽然是全额拨款的医疗卫生事业单位，但是其日常业务活动都是有偿的，其采购药品的行为是一种商品经营行为，属于反不正当竞争法调整的对象。单以法条文义而论，宜昌工商局的行政决定似乎过于严苛。不过，从全国范围来看，宜昌工商局的行政处罚决定恰恰体现了行政机关对于国家治理重点难点任务的回应。当时全国正在大力纠正医药购销领域不正之风，重点治理药品商业贿赂。1996—1998 年，国家工商行政管理局、卫生部、国家医药管理局、国家中医药管理局、国务院纠正行业不正之风办公室联合发布了一系列文件，如工商公字〔1996〕第 127 号、工商公字〔1997〕91 号、工商公字〔1998〕66 号。国务院办公厅下发了《国务院办公厅转发国务院纠正行业不正之风办公室等部门关于纠正医药购销中不正之风工作实施意见的通知》（国办发〔1999〕75 号），对纠正医药购销中不正之风工作的目标、措施、方法、步骤等作了具体部署和安

排。正是在这样的时代背景下，宜昌工商局将上述政策精神纳入考虑范畴，并通过政策裁量将上述政策精神融入其个案行政决定之中。①

在"盐城市奥康食品有限公司东台分公司诉盐城市东台工商行政管理局食品安全行政处罚案"中，围绕"原告销售的产品标签上是否特别强调了有价值、有特性的配料，该标签应否标示橄榄油的添加量"② 的问题，被告行政机关指出，标签正面突出"橄榄"二字，配有橄榄图形，吊牌写明"添加了来自意大利的100%特级初榨橄榄油"，但未注明添加量，属于食品标签上特别强调添加某种有价值、有特性配料而未标示添加量的情形。③

类似地，在"无锡美通食品科技有限公司诉无锡质量技术监督局高新技术产业开发区分局质监行政处罚案"中，针对"原告仅从事食品生产活动，并未从事食品经营活动，是否属于未经许可从事食品生产经营活动"④ 的问题，被告无锡质量技术监督局高新技术产业开发区分局（以下简称无锡质监局开发区分局）认为，"食品生产经营"是指从事食品生产或者食品经营，原告生产的新产品速冻调理生肉制品不包含在已

---

① 参见《最高人民法院公报》2001 年第 4 期（总第 72 期）。

② 2015 版《中华人民共和国食品安全法》第 67 条第 1 款规定："预包装食品的包装上应当有标签。标签应当标明下列事项：……（二）成分或者配料表……"第 67 条第 3 款规定："食品安全国家标准对标签标注事项另有规定的，从其规定。"GB 7718—2004《预包装食品标签通则》第 4.4 条规定："预包装食品标签的所有内容，不得以虚假、使消费者误解或欺骗性的文字、图形等方式介绍食品；也不得利用字号大小或色差误导消费者。"第 5.1.3.1 条规定："如果在食品标签或食品说明书上特别强调添加了某种或数种有价值、有特性的配料，应标示所强调配料的添加量。"该标准自 2012 年 4 月 20 日起被 GB 7718—2011《食品安全国家标准预包装食品标签通则》代替。

③ 参见《最高人民法院公报》2014 年第 6 期（总第 212 期）。

④ 《中华人民共和国食品安全法》已于 2015 年 4 月 24 日修订通过，修订后的《食品安全法》自 2015 年 10 月 1 日起施行。修订后，2009 版《食品安全法》第 84 条改为 2015 版《食品安全法》第 122 条第 1 款："违反本法规定，未取得食品生产经营许可从事食品生产经营活动，或者未取得食品添加剂生产许可从事食品添加剂生产活动的，由县级以上人民政府食品药品监督管理部门没收违法所得和违法生产经营的食品、食品添加剂以及用于违法生产经营的工具、设备、原料等物品；违法生产经营的食品、食品添加剂货值金额不足一万元的，并处五万元以上十万元以下罚款；货值金额一万元以上的，并处货值金额十倍以上二十倍以下罚款。"

获证产品范围内,涉嫌未经许可从事食品生产经营活动。①

分析这两个案件可以发现,"盐城市奥康食品有限公司东台分公司诉盐城市东台工商行政管理局食品安全行政处罚案"与"无锡美通食品科技有限公司诉无锡质量技术监督局高新技术产业开发区分局质监行政处罚案"的时代背景具有高度相似性。事实上,这两个案件发生之时正是我国重点关注食品安全问题的关键时期。据统计,2014 年全国各地共检查食品经营者 1389.3 万户次,查处违法添加或销售非食用物质及滥用食品添加剂案件 1531 件,查处非食用物质和食品添加剂 1.38 万公斤,吊销许可证 658 户。② 而江苏省人民检察院公布的 2014 年全省查办危害食品药品安全案件情况表明,当年 1 月至 8 月全省公诉部门共受理危害食品药品安全案件 410 件,涉案 948 人。③ 在这样的情况下,国务院办公厅印发了《2014 年食品安全重点工作安排的通知》(国办发〔2014〕20 号)。该通知第 1 条第 (八) 项重点规定:"开展'非法添加'和'非法宣传'问题专项整治。严厉打击生产环节非法添加、使用非食品原料、超范围超限量使用食品添加剂等违法行为……完善《食品中可能违法添加的非食用物质名单》,加快名单范围内物质检测方法的研究和认定,加大对名单范围内物质的监测抽检力度。继续加大对食品广告虚假宣传的查处力度……"显然,这两个案件中的行政机关均是在这样的政策精神指引下作出了政策裁量,以回应当时的国家治理重点任务。

在"北京国玉大酒店有限公司诉北京市朝阳区劳动和社会保障局工伤认定行政纠纷案"中,面对"员工在上班途中因受到非本人主要责任的机动车事故伤害而死亡,且该事故发生地不在该员工平时固定的上下

---

① 参见《最高人民法院公报》2013 年第 7 期 (总第 201 期)。

② "2014 年全国查处 8.45 万件食品安全事件",网址:https://china.chinadaily.com.cn/shizheng/2015 – 01/29/content_19441208.htm,最后访问时间:2024 年 5 月 24 日。

③ "江苏检方严惩危害食药安全犯罪,1 至 8 月起诉 220 件",网址:http://www.jsjc.gov.cn/yaowen/201410/t20141015_29811.shtml,最后访问时间:2024 年 5 月 24 日。

班路径中，能否认定为工伤"①的争议，被告北京市朝阳区劳动和社会保障局（以下简称朝阳区劳动局）认为员工是在上班途中因机动车交通事故受伤经抢救无效死亡，符合工伤认定范围，认定为工伤。②

类似地，在"上海温和足部保健服务部诉上海市普陀区人力资源和社会保障局工伤认定案"中，针对"劳动者工作时突发疾病，当日送医院救治、次日死亡，是否属于视同工伤范围"③的问题，被告上海市普陀区人力资源和社会保障局（以下简称普陀区人保局）认为，根据居民死亡医学证明书、病史材料等证据，受伤员工属于"视同工伤"的情形。④

乍一看，这两个案件中的被告行政机关似乎仅仅是依据法律法规对工伤认定争议作出裁决。但事实并非如此简单，从这两个工伤认定决定中我们可以发现其背后的"保障受伤员工权益"的意识。而这一意识指向也正好与"建设服务型政府"的行政任务相呼应。2006 年 10 月 11 日，中国共产党第十六届中央委员会第六次全体会议通过《中共中央关于构建社会主义和谐社会若干重大问题的决定》，并明确提出要"建设服务型政府，强化社会管理和公共服务职能"。"服务型政府"的建设目标也因此被写入执政党的指导性文件中。正是受到这一政策精神的影响，上述两个案件中的行政机关均选择主动依据政策精神作出了当事人利益导向的工伤认定决定，积极完成了国家治理政策精神指引的政策裁量过程。

---

① 《工伤保险条例》第 14 条规定："职工有下列情形之一的，应当认定为工伤：（一）在工作时间和工作场所内，因工作原因受到事故伤害的……"

② 参见《最高人民法院公报》2008 年第 9 期（总第 143 期）。

③ 《工伤保险条例》第 15 条第 1 款规定："职工有下列情形之一的，视同工伤：（一）在工作时间和工作岗位，突发疾病死亡或者在 48 小时之内经抢救无效死亡的……"

④ 参见《最高人民法院公报》2017 年第 4 期（总第 246 期）。

第二节　政策裁量的影响：双重效应

政策裁量内容在当下的行政解释中已是不可或缺的一部分，是行政机关进行利益衡量的知识源泉与必经步骤。但论者的质疑也在所难免：政策裁量在行政机关适用法律的过程中是否全无弊端？政策裁量在行政解释中发挥着何种功效？对此，学界的观点存在分歧，支持与反对的态度同时存在。本节将进一步探索政策裁量对行政解释结论的双重效应。

一、政策裁量的积极效应

如前所述，结合了政策裁量的行政解释更为灵活，有助于提高行政效率，帮助行政机关进行价值权衡，缓解执法压力，发挥着积极的作用。

一方面，政策裁量在提高行政效率方面具有不可比拟的优势。其原因在于，政策裁量所体现的政策导向意涵恰好与我国行政机关系统内部的传统惯例一脉相承。在这种历史传统的长期浸润下，上级行政机关的政策性指令常常更能影响下级行政机关的裁量活动。有学者直言："尽管政策不是法律，但上级机关制定的政策，包含了政府对利益的大小轻重的衡量以及保护力度强弱的判断，在一定程度上影响到管制目标的实现，并通过管制目标的指引，影响行政执法的运作。"正因如此，行政机关在个案中解释不确定法律概念时会倾向于将政策裁量因素放在较为核心的位置。

另一方面，行政机关可以借助政策裁量实现意见沟通与多元价值整合。固定的法律条文难免滞后于复杂多变的社会现实，过于频繁的修法立法也有损法律的权威性与稳定性。政策裁量内含的价值选择与政治角力正好可以成为连接固定的法条文本与变动的现实情境之间的桥梁，使得经此过程得出的行政解释结果可以适时顺应时势变化的需求，进而达到学者所言的"在理性的基础上并以人们所设想的正义作为目标来实现社会控制"①。

此外，政策裁量缓解执法压力的效能也备受青睐。中国社会是由亲缘和地缘关系构成的"差序格局"。在这个由亲属关系组成的社会关系网络中，行政机关作出负担行政行为时，由于行政解释结论常常与民众的日常生活息息相关，行政机关的执法过程与自身判断难免会受到周围群众的影响和社会资本的干扰。②甚至，不当的行政解释还可能会激发社会矛盾。面对此种困境，行政机关能够借助政策裁量在法律适用过程中提前进行意见沟通、价值整合与利益权衡，并引入公共政策因素以增强行政解释结果的可接受度，从而推导出适应个案情境、具有说服力的行政解释结论。如此一来，行政机关将有机会增强执法决定的说服力，缓解执法压力，实现维护社会秩序和促进社会发展的现实目标。

二、政策裁量的消极效应

尽管政策裁量的存在对于行政解释过程与结果都有明显的助益，但有时也会产生消极效应。毕竟，"裁量之运用既可能是仁行，亦可能是

---

① ［美］罗斯科·庞德：《通过法律的社会控制》，沈宗灵译，商务印书馆 2009 年版，第 46 页。

② 章志远：《作为行政裁量"法外"依据的公共政策：兼论行政裁量的法外控制技术》，载《浙江学刊》，2010 年第 3 期，第 143－149 页。

暴政，既有正义，亦有非正义，既可能是通情达理，亦可能是任意专断"①。具体而言，政策裁量的不当使用极易引发负面影响，很有可能成为另一种"邪恶"②。

首先面临的问题就是潜在的政策裁量腐败化的可能。政策裁量的本质是利益衡量过程，行政机关须遵循由原则与法规范共同约束下的规范路径：针对个案中不确定法律概念的属性与内涵，结合政策裁量所勾勒的当时当地的法治目标与总体方针政策，作出恰当的行政解释。然而，裁量空间也意味着存在牟利的可能。"在现实生活环境中，对政策执行者容许的自由裁量程度的解释，与有意无意地漠视规则之间的界限十分模糊。"③ 有学者甚至悲观地认为，"所有被授予行政机构的自由裁量权在不同程度上都为创造私人的好处提供了条件"④。若行政机关在进行政策裁量时选择优先考虑个人私利，偏离甚至放弃了本应达成的公共利益或公共目标，政策裁量的腐败化也就在所难免。

另一个极端化的政策裁量实践情境是因过度夸大政策裁量的重要性而滋生选择性执法困境。美国著名学者戴维斯教授曾对选择性执法的特质作了归纳，他指出："这种权力使其可以选择针对哪些当事人执法，选择什么时候执法。选择性执法还意味着选择要执行和不予执行的法律；官员可以完全执行某部法律，完全不执行另一部，而在执行第三部时则挑三拣四。"⑤ 而法律解释过程中的政策裁量为行政机关提供了选择

---

① ［美］肯尼斯·卡尔普·戴维斯：《裁量正义：一项初步的研究》，毕洪海译，商务印书馆 2009 年版，第 1 页。

② D. L. Dillman：*The Paradox of Discretion and the Case of Elian Gonzalez*，载 *Public Organization Review*，2002 年第 2 卷，第 165－185 页。

③ ［美］米切尔·黑尧：《现代国家的政策过程》，赵成根译，中国青年出版社 2004 年版，第 158 页。

④ ［美］斯蒂芬·L. 埃尔金、卡罗尔·爱德华·索乌坦：《新宪政论：为美好的社会设计政治制度》，周叶谦译，读书·生活·新知三联书店 1997 年版，第 182 页。

⑤ ［美］肯尼斯·卡尔普·戴维斯：《裁量正义：一项初步的研究》，毕洪海译，商务印书馆 2009 年版，第 185 页。

特定领域、特定对象的空间。有学者指出"'运动式'执法就是选择性执法的代名词。"① 以本书开篇提及的"网友吐槽医院食堂被拘留"事件为例，当地警方将当事人张某的行为视为违反《中华人民共和国治安管理处罚法》，错误在于过于机械地将政策裁量纳入行政解释过程、一味地渲染公共政策的导引作用，对于当事人行为的性质、情节以及社会危害程度一律不予考虑，不假思索地作出与县委会议精神完全"对号入座"的行政处罚决定。这种政策裁量不仅没有起到遏制违法行为的效果，反而忽视了行政机关对个案情境的具体判断，使得行政相对人动辄得咎，容易导致执法不公，不仅会助长选择性执法模式的蔓延，也会助长政策裁量的腐败与滥用。更进一步，如果行政机关走向极端，过度夸大政策裁量的权重，会造成"过于具体和僵化，完全剥夺了个案裁量的空间，使得执法者蜕化为类似于自动售货机的执法机器"② 的结果。

基于上述分析可知，政策裁量内容对于行政解释结论具有双重效应。这种独特的制约效力既具有充足的理论渊源和现实基础，也可以在具体个案中得到印证。有鉴于此，对于政策裁量这一特殊对象，我们既不能一律排斥，也不可随波逐流；既要警惕基于形式合法性的思考而在行政解释过程中排斥所有裁量空间的倾向，也要谨防简单僵化地根据政策裁量内容作出行政决定。

"随着中国法院公法审判规范化程度的日益提高，司法的运作将以更加精致、缜密的方式进行。"③ 而司法运作过程的优化与法院的角色定位息息相关。下节将重点探寻政策裁量司法审查过程中法院的功能定位，希冀通过司法审查将政策裁量纳入可控的范围内，进而实现政策裁

---

① 章志远：《作为行政裁量"法外"依据的公共政策：兼论行政裁量的法外控制技术》，载《浙江学刊》，2010 年第 3 期，第 143 – 149 页。

② 周佑勇：《行政裁量基准研究》，中国人民大学出版社 2015 年版，第 20 页。

③ 谭清值：《公共政策决定的司法审查》，载《清华法学》，2017 年第 1 期，第 189 – 206 页。

量对行政解释结果的良性引导。

第三节　政策裁量的司法审查现状

为回避学者所言的"政策和政治的诱惑使行政法偏离了它的使命"[①]的不良后果，我们需要将政策裁量纳入司法监督的视野中，深入观察政策裁量在司法审查中的运作机理。具体而言，司法机关对政策裁量的态度与立场主要有以下两种。

一、法院为避免干预地方总体施政策略而选择尊重政策裁量

"一项公共政策的形成往往都代表着政策制定者对特殊历史时期社会形势的冷静判断和特定行政任务的总体宣示。"[②] 各地为推动本地经济发展、实现社会稳定而作出的行政决定往往都体现了当地政府对本地社会形势和行政任务的综合评估，是地方政府全局性政策中的重要组成部分。法院若对其进行深度干预，可能会影响当地政府的全局性策略，甚至导致政策在各地的不统一，[③] 不利于总体平衡。因此，当面对政策裁量内容时，法院有时会基于政治因素的考虑而选择浅层审查，放弃对政

[①] ［美］约瑟夫·P. 托梅恩、西德尼·A. 夏皮罗：《分析政府规制》，苏苗罕译，载方流芳：《法大评论》（第3卷），中国政法大学出版社2004年版，第72页。

[②] 章志远：《作为行政裁量"法外"依据的公共政策：兼论行政裁量的法外控制技术》，载《浙江学刊》，2010年第3期，第143 – 149页。

[③] Michael C. Tolley：*Judical Review of Agency Interpretation of Statute：Deference Doctrines in Comparative Perspective*，载 *The Policy Studies Journal*，2003年第31卷，第421 – 440页。

策裁量的评价，以回避对地方政府总体施政策略的干预。基于这样的考虑，"绝大多数具有地方性的、涉及本地经济发展与社会稳定需要的标准、政策均得到了法院的支持"①。因此，即使被告行政机关的思路存在些许瑕疵，法院依然会选择保持谦抑姿态、尊重行政解释，以此来避免过多的司法介入。

【案例1】宜昌市妇幼保健院不服宜昌市工商行政管理局行政处罚决定案②

在本案中，被告宜昌工商局在判断原告能否被认定为市场主体的经营者时主张"反不正当竞争法第 8 条第一款规定的'对方单位或者个人'不排除事业单位法人"，认为"原告作为药品购销活动中的购方单位，本身不是消费者，所购药物被转手卖给了患者。原告虽然是全额拨款的医疗卫生事业单位，但是其日常业务活动都是有偿的，其采购药品的行为是一种商品经营行为，属于反不正当竞争法调整的对象……原告收受药品经销企业的款、物，没有冲减购药成本，而是记入其他收入和固定资产科目，其行为已丧失了折扣的本来面目，变成账外暗中收受回扣的商业贿赂行为……对于医疗卫生机构在药品购销活动中收受回扣及其他商业贿赂行为，工商行政管理机关有权依照反不正当竞争法的规定进行查处"。被告的肯定回答背后蕴含着纠正医疗购销领域不正之风，促进社会主义市场经济健康发展的政策裁量内容。

一审和二审中法院均表达了对该行政解释的认可。一审法院湖北省宜昌市西陵区人民法院指出：

反不正当竞争法第二条第三款规定："本法所称的经营者，是

---

① 俞祺：《上位法规定不明确之规范性文件的效力判断：基于 66 个典型判例的研究》，载《华东政法大学学报》，2016 年第 2 期，第 175 – 192 页。

② 参见《最高人民法院公报》2001 年第 4 期（总第 72 期）。

指从事商品经营或者营利性服务（以下所称商品包括服务）的法人、其他经济组织和个人。"此条规定将从事商品经营或者营利性服务的法人、其他经济组织和个人统称为经营者，并未对经营者的经济性质进行区分。原告保健院虽属全额拨款的公益卫生事业单位，但从其业务活动看，所提供的医疗服务和销售的药品都是有偿的，因此其购销药品是商品经营行为。另外，反不正当竞争法第八条第一款规定："经营者不得采用财物或其他手段进行贿赂以销售或购买商品。在账外暗中给予对方单位或个人回扣的，以行贿论；对方单位或个人在账外暗中收受回扣的，以受贿论。"其中的对方单位或个人，更不是专指经营者，包括了所有从事公务采购活动而在账外暗中收受回扣的单位和个人。保健院采购药品，是其从事的公务活动之一。从事此项活动时的保健院，是反不正当竞争法所称的经营者。保健院称其不属于反不正当竞争法的调整对象，理由不能成立。①

二审法院湖北省宜昌市中级人民法院认为：

反不正当竞争法第二条第三款规定的该法调整对象，不仅包括经核准登记、持有工商营业执照的经营者，还包括其他从事了经营行为或营利性服务等与市场竞争有关活动的法人、其他经济组织和个人。上诉人保健院虽为财政全额拨款的非营利性公益卫生事业单位，但其日常业务活动是营利的，这种活动是与市场竞争有关的经营行为，应当依照反不正当竞争法去规范。依法规范保健院的经营行为，不影响保健院将在经营中的获利用于其所称的弥补财政拨款

①　参见《最高人民法院公报》2001 年第 4 期（总第 72 期）。

不足。保健院上诉称其属于财政全额拨款的非营利性事业单位，所获收益用于弥补财政拨款不足，因此不应受反不正当竞争法调整的理由，不能成立。①

由此可见，一审法院和二审法院支持了被告宜昌工商局所作的行政解释中的政策裁量内容，从1993版《中华人民共和国反不正当竞争法》第2条第3款的定义出发，认为该法规定的调整对象还包括其他从事了经营行为或营利性服务等与市场竞争有关活动的法人、其他经济组织和个人，延伸了被告的解释思路。

【案例2】无锡美通食品科技有限公司诉无锡质量技术监督局高新技术产业开发区分局质监行政处罚案②

在本案中，原告与被告对2009版《中华人民共和国食品安全法》中的"未经许可从事食品生产经营活动"这一规定产生了分歧。原告认为，既从事食品生产又从事食品经营才能受处罚。被告无锡质监局开发区分局则强调："原告已取得肉制品（酱卤肉制品）、方便食品（其他方便食品）、豆制品（非发酵性豆制品）三个单元产品的食品生产许可证，但其生产的新产品速冻调理生肉制品不包含在已获证产品范围内，涉嫌未经许可从事食品生产经营活动。《食品安全法》中'食品生产经营'的概念应是指从事食品生产或者食品经营，只要从事了食品生产或者食品经营，即符合受处罚的主体和行为要件。"

无锡高新技术产业开发区人民法院在一审中指出：

原告美通公司虽然获得了肉制品（酱卤肉制品）、方便食品（其他方便食品）、豆制品（非发酵性豆制品）三个单元成品的食品

---

① 参见《最高人民法院公报》2001年第4期（总第72期）。
② 参见《最高人民法院公报》2013年第7期（总第201期）。

生产许可，但其于 2010 年 10 月份开始生产的速冻保鲜调理食品在产品定义、配料、生产工艺上均与这三个单元成品不同，不属于这三个许可范围之内，属未经许可从事食品生产，违反了《食品安全法》第二十九条第一款的规定；原告在被告新区质监局①对其产品进行查封后，擅自转移部分被查封的产品，违反了《产品质量法》第六十三条的规定，上述违法行为理应被追究责任；被告作为对食品生产负有监管职责的行政机关依法给予其相应的行政处罚于法有据。②

二审法院无锡市中级人民法院也沿袭了一审法院的思路：

关于美通公司的行为是否符合从事"生产经营活动"要件的问题，国家质量监督检验检疫总局③《食品生产许可管理办法》第三十条规定："企业应当在食品生产许可的品种范围内从事食品生产活动，不得超出许可的品种范围生产食品。"第三十五条则规定对于违反第三十条的按照《食品安全法》第八十四条规定处罚。《食品安全法》第八十四条规定的条件为："违反本法规定，未经许可从事食品生产经营活动，或者未经许可生产食品添加剂的。"因此，《食品生产许可管理办法》明确将企业的生产行为纳入生产经营范围，本案中美通公司的生产行为即属于生产经营活动。被上诉人新区质监局处罚决定对于美通公司的行为定性并无不当。④

---

① 指无锡质监局开发区分局。此处保留公报原文，不影响读者理解。后同处理方法，不再一一说明。
② 参见《最高人民法院公报》2013 年第 7 期（总第 201 期）。
③ 2018 年 3 月，根据国务院机构改革方案，将国家质量监督检验检疫总局的职责整合，组建国家市场监督管理总局。
④ 参见《最高人民法院公报》2013 年第 7 期（总第 201 期）。

由此可知，针对原告是否属于"未经许可从事食品生产经营活动"的问题，被告始终将"保护消费者权益"作为重要的政策裁量内容，法院在一审与二审中均未对此问题进行评价，以"新产品不在许可范围之内"支持了被告无锡质监局开发区分局的行政解释。不可否认，原告的定性事关行政处罚成立与否，是一项重要的政策裁量内容。

【案例3】盐城市奥康食品有限公司东台分公司诉盐城市东台工商行政管理局食品安全行政处罚案①

在本案中，原告盐城市奥康食品有限公司东台分公司（以下简称奥康公司东台分公司）与被告盐城市东台工商行政管理局（以下简称东台工商局）在解读2009版《中华人民共和国食品安全法》② 中涉及的不确定法律概念及 GB 7718—2004《预包装食品标签通则》③ 中的相关概念时产生了分歧。被告东台工商局行政执法人员在执法检查时，发现原告奥康公司东台分公司所销售的金龙鱼牌橄榄原香食用调和油未标示橄榄油的添加量。东台工商局经立案调查，认定奥康公司东台分公司经营标签不符合《中华人民共和国食品安全法》规定的食品，属于食品标签上特别强调添加某种有价值、有特性配料而未标示添加量的情形，随后作

---

① 参见《最高人民法院公报》2014 年第 6 期（总第 212 期）。

② 2009 版《中华人民共和国食品安全法》第 86 条规定："违反本法规定，有下列情形之一的，由有关主管部门按照各自职责分工，没收违法所得、违法生产经营的食品和用于违法生产经营的工具、设备、原料等物品；违法生产经营的食品货值金额不足一万元的，并处二千元以上五万元以下罚款；货值金额一万元以上的，并处货值金额二倍以上五倍以下罚款；情节严重的，责令停产停业，直至吊销许可证：（一）经营被包装材料、容器、运输工具等污染的食品；（二）生产经营无标签的预包装食品、食品添加剂或者标签、说明书不符合本法规定的食品、食品添加剂；（三）食品生产者采购、使用不符合食品安全标准的食品原料、食品添加剂、食品相关产品；（四）食品生产经营者在食品中添加药品。"

③ GB 7718—2004《预包装食品标签通则》第 4.4 条规定："预包装食品标签的所有内容，不得以虚假、使消费者误解或欺骗性的文字、图形等方式介绍食品；也不得利用字号大小或色差误导消费者。"第 5.1.3.1 条规定："如果在食品标签或食品说明书上特别强调添加了某种或数种有价值、有特性的配料，应标示所强调配料的添加量。"

出责令改正、没收违法的行政处罚。原告不服，申请行政复议，复议机关维持该处罚决定。原告遂起诉至法院，由是成讼。

针对原告经营的金龙鱼牌橄榄原香食用调和油标签应否标示橄榄油的添加量的问题，原告诉称，东台工商局作出的行政处罚决定违反了GB 7718—2004《预包装食品标签通则》的规定，其经营的金龙鱼牌橄榄原香食用调和油标签上的"橄榄原香"是对产品物理属性的客观描述，并非对某种配料的强调，不需要标明含量或者添加量，橄榄油不是"有价值、有特性的配料"。被告东台工商局则认为："原告奥康公司销售给东台市国贸千家惠超市的金龙鱼牌橄榄原香食用调和油标签正面突出'橄榄'二字，配有橄榄图形，吊牌写明'添加了来自意大利的100%特级初榨橄榄油'，但未注明添加量，这就属于食品标签上特别强调添加某种有价值、有特性配料而未标示添加量的情形。"

一审法院东台市人民法院审理后认为：

> GB 7718—2004《预包装食品标签通则》规定中所指的"强调"，是特别着重或着重提出，一般意义上，通过名称、色差、字体不同、字号大小、图形、排列顺序、文字说明、同一内容反复出现或多个内容都指向同一主体等均可理解为对某事物的强调。"有价值、有特性的配料"，是指对人体有较高的营养作用，配料本身不同于一般配料的特殊配料。通常理解，此种配料的市场价格或营养成分应高于其他配料。本案中，原告奥康公司认为"橄榄原香"是对产品物理属性的客观描述，并非对某种配料的强调，但从原告销售的金龙鱼牌橄榄原香食用调和油的外包装来看，其标签上以图形、字体、文字说明等方式突出了"橄榄"二字，强调了该食用调和油添加了橄榄油的配料，且在吊牌（食品标签的组成部分）上有"添加了来自意大利的100%特级初榨橄榄油"等文字叙述，易造成

消费者在购买此种食用调和油时的误解。"有价值、有特性"是建立在一般认知基础上的常识性判断，在满足"特别强调"的前提下，只要具备"有价值"或"有特性"其中一点就应当进行定量标示。一般来说，橄榄油的市场价格或营养作用均高于一般的大豆油、菜籽油等，因此，如在食用调和油中添加了橄榄油，可以认定橄榄油是"有价值、有特性的配料"。因此，被告东台工商局认定原告销售的金龙鱼牌橄榄原香食用调和油，属于特别强调添加某种有价值、有特性配料（橄榄油）的情形，应当标示橄榄油的添加量，此事实能够成立。①

原告奥康公司东台分公司不服一审判决，向盐城市中级人民法院提起上诉。二审法院审理后认为：

> 如何准确认定"特别强调添加了某种或数种有价值、有特性的配料"，应从表达语境、相对比较、公众理解的角度综合分析判断。本案中，从上诉人奥康公司经营销售的金龙鱼牌橄榄原香食用调和油的外包装来看，其标签上以图形、字体、文字说明等方式突出"橄榄"二字，显而易见地向消费者强调该产品添加了橄榄油的配料，该做法本身实际上就是强调"橄榄"在该产品中的价值和特性。上诉人奥康公司未标示橄榄油的添加量，属于违反食品安全标准。②

由此可见，一审法院与二审法院均赞同东台工商局对涉案产品标签外观与内容的认定结果。显然，该案中东台工商局的行政解释同样将

---

① 参见《最高人民法院公报》2014 年第 6 期（总第 212 期）。
② 参见《最高人民法院公报》2014 年第 6 期（总第 212 期）。

"消费者权益"纳入政策裁量范围。尽管该行政解释对涉案产品包装的解读并非完美无缺，但法院并未触及这一问题。不同于前述"宜昌市妇幼保健院不服宜昌市工商行政管理局行政处罚决定案"与"无锡美通食品科技有限公司诉无锡质量技术监督局高新技术产业开发区分局质监行政处罚案"中法院自始至终保持缄默的做法，在这个案件中，法院明确提及涉案产品的包装"易造成消费者在购买此种食用调和油时的误解"，"应从表达语境、相对比较、公众理解的角度综合分析判断"。

【案例4】念泗三村28幢楼居民35人诉扬州市规划局行政许可行为侵权案①

在本案中，针对被告扬州市规划局作出的规划行政许可是否合法、涉诉的《念泗二村地段控制性详细规划》有无得到合法有效的批准的问题，被告扬州市规划局提供了《扬州市规划委员会第十四次会议纪要》和《扬州市规划委员会第十六次会议纪要》等政策文件来证明涉诉行政许可行为在作出过程中已经经过充分的政策裁量。

一审法院扬州市中级人民法院审理后认为：

> 一个城市详细规划是否得到合法有效的批准，应通过一定的批准形式表现出来。本案中，有关详细规划的批准是以市长签发的市规划委员会会议纪要的形式出现的，尽管市规划委员会第十六次会议纪要中的"按已批准的小区详细规划实施"的表述在本案的当事人之间产生了不同的理解，但综合分析《扬州市规划委员会第十四次会议纪要》《念泗二村地段控制性详细规划》、扬州市规划委员会第十六次会议纪要等证据的全部内容，可以得出该详细规划是经过扬州市规划委员会审查同意后，由市长签字批准的结论。至于这种

---

① 参见《最高人民法院公报》2004年第11期（总第97期）。

会议纪要是不是一种通常所见的批准形式，由于法律、法规只规定城市详细规划应当由城市人民政府或规划行政主管部门审批，没有规定审批形式，故不能否定扬州市规划委员会会议纪要对批准详细规划发挥的实际作用，应当认定《念泗二村地段控制性详细规划》经过合法有效的批准。因此，28 幢楼居民认为《念泗二村地段控制性详细规划》没有得到合法有效批准的诉讼主张，不能成立。[①]

对此，原告念泗三村 28 幢楼居民不服，向江苏省高级人民法院提起上诉。二审法院指出：

本案中，上诉人 28 幢楼居民在一审是以东方天宇公司依被上诉人扬州市规划局批准建设的两幢高层住宅楼侵犯其相邻权为由，提出撤销 2003076 号《建设工程规划许可证》的诉讼请求。故原审法院根据行政诉讼法的规定，对扬州市规划局核发的 2003076 号《建设工程规划许可证》的程序是否合法、所依据的《念泗二村地段控制性详细规划》是否经过合法批准，以及是否违反《蜀岗—瘦西湖风景名胜区总体规划》，是否符合法律规定进行审查。查明东方天宇公司已按有关法律规定向扬州市规划局提交了建设申请、建设项目批准文件、建设用地证件、设计方案、施工图等材料，扬州市规划局在依法对上述材料进行审查的基础上，核发了 2003076 号《建设工程规划许可证》。由此认定扬州市规划局核发的 2003076 号《建设工程规划许可证》，符合有关法律规定，并未侵犯 28 幢楼居民的合法权益，并无不妥。[②]

---

① 参见《最高人民法院公报》2004 年第 11 期（总第 97 期）。
② 参见《最高人民法院公报》2004 年第 11 期（总第 97 期）。

结合上述判决可知，法院在审理过程中多次强调现有法律规范"没有规定审批形式"，因此不能否定上述会议纪要在审批过程中的作用。由此可见，法院收缩了对上述政策文件的审查范围，选择支持被告的政策裁量主张。

【案例5】邵某国诉黄浦区安监局安全生产行政处罚决定案①

在本案中，对于被告黄浦区安监局作出的罚款2万元处罚决定是否具有法定职权的问题，黄浦区安监局提交了国家安监总局的复函和市政府的有关文件作为补充证据，力图通过这些政策文件来证明自己对于涉案问题有法定职权。上海市黄浦区人民法院审理后维持了被告黄浦区安监局所作的处罚决定，理由是：

> 依照《安全生产法》第九条第一款、《安全生产违法行为行政处罚办法》第三十四条第一款规定，被告黄浦区安监局对黄浦区内的安全生产工作实施监督管理，对辖区内的安全生产违法行为有实施行政处罚的法定职权。黄浦区安监局在接到事故报告后，派员进行了事故现场调查；在查明麦克西饼公司责任人员的违法行为后，填写了《立案审批表》立案审查；在作出行政处罚前，向原告邵某国送达了《行政处罚事先告知书》，告知邵某国可以在7日内陈述和申辩；在陈述和申辩期限届满后，作出《行政处罚决定书》，并给邵某国送达。黄浦区安监局的执法经过，符合《安全生产违法行为行政处罚办法》第十三条、第十四条、第二十一条、第二十二条、第二十四条规定的程序。黄浦区安监局对邵某国作出的行政处罚决定，有利于从根本上促进企业落实安全生产岗位责任，健全安全生产制度，防止和减少安全生产事故，保护劳动者合法权益，执

---

① 参见《最高人民法院公报》2006年第8期（总第118期）。

法目的是正当的,且罚款数额符合法律规定的处罚幅度。邵某国提供黄浦粮油公司报告和姜某忠的信函,以姜某忠伤情恢复良好等为由,请求免予对麦克西饼公司和邵某国本人的处罚。这些材料所提出的理由,不符合法律规定免予行政处罚的条件。至于邵某国提出其经济困难,无履行处罚能力的诉讼意见,则非本案对被诉行政处罚行为合法性审查的范围,不能作为黄浦区安监局行政处罚行为违法的理由,故不能支持。[①]

显然,法院在审理过程中同样收回了审查触角,并未过多关注黄浦区安监局的政策裁量过程,在对 2002 版《中华人民共和国安全生产法》第 81 条第 2 款进行解读后,法院肯定了黄浦区安监局的政策裁量结果,强调其对辖区内的安全生产违法行为拥有实施行政处罚的法定职权。

二、法院拒绝行政机关的政策裁量结果

除上述案例所展示的司法尊重政策裁量外,在部分司法实例中,法院也会拒绝接受行政机关的政策裁量结果,主要包括以下情形。

(一) 法院认为不存在政策裁量的空间

当法院在审查过程中发现相关法律规范已对涉诉争议作了较为详尽的规定时,会倾向于认为该个案中不存在政策裁量的空间。

【案例6】于某楚诉贵阳市住房和城乡建设局拆迁案[②]

在本案中,针对被告贵阳市住房和城乡建设局采用审批表形式对拆迁行为进行审批是否违法的问题,被告贵阳市住房和城乡建设局认为,

---

① 参见《最高人民法院公报》2006 年第 8 期(总第 118 期)。
② 参见《最高人民法院公报》2013 年第 10 期(总第 204 期)。

贵阳市人民政府采用审批表形式对拆迁行为进行审批并不违法。于某楚房屋被拆除有分管副市长签字。此种责令方式虽然不规范，但分管副市长也是代表市政府的。在案件审理过程中，贵阳市中级人民法院所作的一审判决①与贵州省高级人民法院所作的二审判决②均认为，涉诉拆迁行为以（1996）筑迁执告字第9号公告对于某楚的房屋进行拆迁，违反了《城市房屋拆迁管理条例》的规定，被告辩称其行为系由政府授权的理由不能成立。

被告贵阳市住房和城乡建设局不服，申请再审，并得到了贵州省高级人民法院的支持。贵州省高级人民法院在再审中指出：

拆迁人汉方公司依据贵阳市住建局作出的（1996）筑迁裁字第9号裁决书，对未在裁决规定的拆迁期限内搬迁的被拆迁人于某楚的房屋申请强制拆迁是正当合法的。按报批程序，该申请先后经贵阳市拆迁处、贵阳市住建局审查，并上报贵阳市人民政府批准，决定对于某楚位于省府北街的房屋进行强制拆迁。依照国务院关于《城市房屋拆迁管理条例》第十四条、第十五条的规定，贵阳市人民政府有权作出责令限期拆迁的决定，其所作决定具有法律效力。据此，贵阳市住建局执行贵阳市人民政府所作决定，对被拆迁人于某楚强制拆迁也属合法。但贵阳市住建局在执行过程中，以贵阳市拆迁处名义张贴拆迁公告，要求被拆迁人在限定期限内搬迁完毕。因贵阳市拆迁处系贵阳市住建局的内设机构，以其名义对外张贴公告不符合要求，但不应因此否定对于某楚的房屋进行强拆的合法性，故对于某楚诉请确认贵阳市住建局对其房屋强制拆迁行为违法

---

① 参见贵阳市中级人民法院行政判决书（1998）筑行初字第2号。
② 参见贵州省高级人民法院行政判决书（1998）黔行终字第12号。

的诉讼请求，应予驳回。①

对此，原告于某楚不服，向最高人民法院申请再审。最高人民法院
审理后认为：

> 根据《城市房屋拆迁管理条例》的规定，强制拆迁前县级以上
> 人民政府应当先行作出责令限期拆迁的决定；在责令限期拆迁决定
> 所指定的期限内被拆迁人逾期仍不拆迁的，方可责成有关部门强制
> 拆迁。且责令限期拆迁和责成有关部门强制拆迁的决定，应当经法
> 定程序并以书面形式作出，相关决定还应依法送达被拆迁人。本案
> 贵阳市人民政府以分管副市长在相关申请报告上签署意见，并以此
> 取代应以书面形式作出的责令限期拆迁决定和责成有关部门强制拆
> 迁决定及相应的送达程序，亦不符合上述规定要求。②

分析上述审理过程可知，最高人民法院在审理过程中并未过多关注
被告的政策裁量，而是着重关注《城市房屋拆迁管理条例》中的相关规
定。最高人民法院指出，《城市房屋拆迁管理条例》已明文规定，拆迁
决定"应当经法定程序并以书面形式作出"，但该案中"分管副市长签
字"不符合"法定程序"和"书面形式"这两个法定要件，因而违法。

【案例7】朱某锦与张家界市公安局永定分局公安行政管理案③

在本案中，被告张家界市公安局永定分局曾以原告冒用他人身份证
购买车票为由对其作出行政拘留十日的顶格处罚。一审与二审过程中，
湖南省张家界市永定区人民法院与湖南省张家界市中级人民法院均认

---

① 参见贵州省高级人民法院行政判决书（2000）黔行再终字第 2 号。
② 参见最高人民法院行政判决书（2012）行提字第 17 号。
③ 参见湖南省高级人民法院行政判决书（2019）湘行再 15 号。

为："永定公安分局在对朱某锦作出被诉处罚决定前，进行了调查询问，告知了朱某锦享有的陈述、申辩权利，该行政处罚符合法定程序。永定公安分局作出的被诉处罚决定，认定事实正确，证据确凿，适用法律准确。"① 在再审过程中，湖南省高级人民法院提出了不同观点：

> 本案中，根据被诉处罚决定认定的事实，朱某锦于 2017 年 9 月 28 日冒用他人身份证购买车票，在进站检票口被发现后阻止并被劝回，故朱某锦本次冒用他人身份证的行为未造成危害后果。但朱某锦被处以行政拘留十日的处罚，其应当有属于湖南省公安厅湘公发〔2013〕89 号《湖南省公安行政处罚裁量权基准（二）》第十六条第 3 点规定的冒用他人身份证违法行为情节严重的情形。而根据本院查明的事实，朱某锦是否还存在多次冒用他人居民身份证的行为，或者曾因冒用他人居民身份证被处罚过，或者冒用他人居民身份证进行过违法活动等其他情节严重的情形，永定公安分局均未予以查实。在此情形下，朱某锦……冒用他人居民身份证购买车票拟去往北京的行为……依法虽可给予处罚，但根据朱某锦违法行为的程度，应属于湖南省公安厅湘公发〔2013〕89 号《湖南省公安行政处罚裁量权基准（二）》第十六条第 2 点规定的一般情节的违法行为情形，即"初次冒用他人居民身份证，未造成危害后果的情形，处罚基准为处五百元以上八百元以下罚款，或者处五日以下拘留"。综上，被诉处罚决定关于朱某锦冒用他人居民身份证行政拘留十日的处罚，适用法律错误并导致处罚结论明显不当。根据《中华人民共和国行政诉讼法》第七十七条第一款之规定，行政处罚明

---

① 参见湖南省张家界市永定区人民法院行政判决书（2018）湘 0802 行初字 21 号行政判决、湖南省张家界市中级人民法院行政判决书（2018）湘 08 行终 19 号行政判决。

显不当的，人民法院可以判决变更。[①]

尽管再审法院的判决不同于一审、二审，但再审法院在审理过程中没有特别分析被告张家界市公安局永定分局提出的政策裁量，而是将审查重心集中于省公安厅发布的处罚裁量基准第 16 条上。再审法院指出，该案中，原告虽冒用他人身份证购买车票，但在进站检票口时已被发现并遭劝阻，未造成危害后果，属于一般违法情形，根据第 16 条的规定，"应处五百元以上八百元以下罚款，或者处五日以下拘留"，而非行政拘留。由此，再审法院拒绝了被告张家界市公安局永定分局作出的政策裁量，并认定被告的行政处罚行为违法。

（二）法院用自己的判断替代政策裁量

当法院对于行政机关的政策裁量内容不甚满意时，也会用自己的判断来替代行政机关的裁量。此时，基于不同的个案情形，法院会采用不同的替代思路。

1. 法院以新的政策裁量取代原政策裁量内容

这类情形通常指法院不满原政策裁量并以新代旧。行政机关在政策裁量过程中需要衡量所涉及的各项利益，而利益排序的结果则体现了行政机关在特定时期所迫切期望实现的规制目标。[②] 但是行政机关基于当时当地的规制目标来进行利益衡量后得出的政策裁量结果有时并不符合法院的预期。若法院审查后对个案行政解释中所蕴含的政策裁量内容及

---

① 参见湖南省高级人民法院行政判决书（2019）湘行再 15 号。

② "人们不仅必须考虑各种相互目标中哪一种等级较高，而且必须考虑哪一种目标在当前的情况下更为迫切。"［美］斯蒂芬·L. 埃尔金：《宪政主义的继承者》，载［美］斯蒂芬·L. 埃尔金、卡罗尔·爱德华·索乌坦：《新宪政论：为美好的社会设计政治制度》，周叶谦译，读书·生活·新知三联书店 1997 年版，第 161 页。

利益衡量结果不甚满意，此时法院会选择基于个案情境提出新的政策裁量方向（如稳定的法律秩序、社会影响力、社会公众的情感认同等），并在此基础上以自己对于法律的解释来替代原先的政策裁量。特别是当面对影响较大的政策裁量问题时，法院不会满足于简单地审查被诉行政解释与法律规则之间是否一致，而是更多地运用法律原则、法律精神来审视该行政解释中的政策裁量内涵是否具有正当性。

【案例8】杨某峰诉无锡市劳动和社会保障局工伤认定行政纠纷案①

在本案中，双方当事人对《工伤保险条例》第17条第2款规定的"工伤认定申请时效"的理解产生分歧。② 原告确于2004年6月在工作中发生事故，但直至2007年4月9日才提出工伤认定申请。被告无锡市劳动和社会保障局认为受伤员工在事故发生两年后提出工伤认定申请，已经超过法定的工伤认定申请时效，理由是："原告关于《工伤保险条例》第十七条规定的'事故伤害发生之日'的理解是不正确的。这里的'事故伤害发生之日'是针对工伤认定申请时效起算时间的规定，强调的是'日'这一固定的时间点，即事故与伤害有直接因果关系的那一日。原告认为应认定2006年10月13日最终确诊之日为涉案事故伤害发生之日，并认为其工伤认定申请时效应从该日起开始计算。其诉讼主张并无法律依据。没有事故就没有伤害，事故与伤害密切相关，事故发生之日也就是伤害发生之日，这一时间点应当是固定的，不是随意可以变动的。《工伤保险条例》之所以规定工伤认定申请时效，就是要在最大

---

① 参见《最高人民法院公报》2008年第1期（总第135期）。
② 2004版《工伤保险条例》第17条第1款规定："职工发生事故伤害或者按照职业病防治法规定被诊断、鉴定为职业病，所在单位应当自事故伤害发生之日或者被诊断、鉴定为职业病之日起30日内，向统筹地区劳动保障行政部门提出工伤认定申请。遇有特殊情况，经报劳动保障行政部门同意，申请时限可以适当延长。"第17条第2款规定："用人单位未按前款规定提出工伤认定申请的，工伤职工或其直系亲属、工会组织在事故伤害发生之日或者被诊断、鉴定为职业病之日起1年内，可以直接向用人单位所在地统筹地区劳动保障行政部门提出工伤认定申请。"

限度保护劳动者合法权益的同时，对工伤职工怠于申请工伤认定作出一定的限制，以节约行政管理资源，提高办事效率，便于劳动保障部门及时、准确地查明案件事实。"显然，被告无锡市劳动和社会保障局给出这一行政解释侧重于考虑劳动保障部门的工作效率，已包含了行政效率导向的政策裁量。但在案件审理过程中，一审法院与二审法院均对该行政解释提出了质疑，并提出了新的政策裁量方向。

无锡市南长区人民法院在一审中指出：

> 被告无锡市劳动局①认为《工伤保险条例》第十七条规定的"事故伤害发生之日"就是指"事故发生之日"，据此将2004年6月发生涉案工伤事故的时间作为杨某峰工伤认定申请时效的起算时间，没有考虑涉案工伤事故的特殊性，是错误的。根据医生的诊断证明，杨某峰所受伤害在临床上称之为铁锈沉着综合症，该症具有一定的特殊性，即受伤后可能暂时不发生伤害后果，伤害后果的发生可以存在较长的潜伏期。本案中，涉案工伤事故发生两年多以后，伤害结果才实际发生，在此之前杨某峰并不知道自己在涉案工伤事故中受到了伤害，当然也就不可能在涉案工伤事故发生后及时提出工伤认定申请。因此，被告以2004年6月涉案工伤事故发生的时间作为工伤认定申请时效的起算时间是错误的，不利于保护工伤职工的合法权益。本案应以伤害结果实际发生的时间作为工伤认定申请时效的起算时间，杨某峰提出的工伤认定申请并未超过规定的申请时效，被告作出的涉案《不予受理通知书》适用法律、法规错误，原告的诉讼请求应予以支持。②

---

① 指案件中的无锡市劳动和社会保障局，后同。
② 参见《最高人民法院公报》2008年第1期（总第135期）。

无锡市中级人民法院在二审中支持了一审法院在判决中提出的"应当认定'事故伤害发生之日'就是指伤害结果实际发生之日"的观点：

> 上诉人无锡市劳动局认为《工伤保险条例》第十七条第二款关于工伤认定申请时效的规定是为了防止工伤认定申请的提出没有时间上的限制，并因此导致浪费国家行政管理资源，影响办事效率，妨碍劳动保障部门及时、准确地查明事实。上诉人还认为上述规定中的"事故伤害发生之日"应当理解为事故发生之日。其上诉理由不能成立。如果不对提出工伤认定申请作出时效限制，确实可能造成行政管理资源的浪费，影响劳动保障部门的工作效率，也不利于劳动保障部门及时、准确地查明事实。但是，规定工伤认定申请时效，更为重要的是充分保障工伤职工的合法权益。另一方面，如果将事故发生之日作为工伤认定申请时效的起算时间，则劳动保障部门在工伤事故发生后，伤害后果没有马上出现的情况下，也无法及时、准确地查明事实，无法作出正确的处理，反而必将造成行政管理资源的浪费，影响劳动保障部门的工作效率，也不利于工伤职工合法权益的保护。[①]

由此可知，一审法院指出，该行政解释"没有考虑涉案工伤事故的特殊性，不利于保护工伤职工的合法权益"。二审法院更进一步强调，尽管行政效率值得予以关注，但"规定工伤认定申请时效，更为重要的是充分保障工伤职工的合法权益"。对比可知，法院认为，当面临不同的政策裁量内容时，行政机关在个案解释过程中应有所取舍，当事人权益导向的政策裁量内容优于行政效率导向的政策裁量部分。

---

① 参见《最高人民法院公报》2008 年第 1 期（总第 135 期）。

【案例9】佛山市圣芳（联合）有限公司诉国家工商行政管理总局商标评审委员会、第三人强生公司商标撤销行政纠纷案①

在本案中，法院也以自己提出的新的政策裁量方向（稳定的法律秩序）来取代原来的政策裁量。在该案中，双方当事人对 2002 版《中华人民共和国商标法实施条例》第 35 条中"相同的事实和理由"的解读存在分歧。② 国家工商行政管理总局商标评审委员会③认为："第三人强生公司前两次申请都是依据修改前的《商标法》第 27 条及其实施细则第 25 条的规定，第三次申请依据的是修改后《商标法》第 13 条、14 条及 41 条的规定，并非是以相同的理由；第三次申请的证据种类、证明力与前两次有明显区别，因此第三次受理符合法律规定。2004 年强生公司提交的审计报告不是新的证据，而是对销量和广告投入的补强证据。第 1801 号裁定不存在适用法律错误的问题。"

对此，北京市第一中级人民法院与北京市高级人民法院在一审和二审中均支持国家工商行政管理总局商标评审委员会作出的行政解释，认为该案中的第三次申请"不属于以相同的事实和理由再次提出评审申请"，认为第三人强生公司"注册的'采樂'商标与实际使用的'采乐'商标仅存在简繁体区别，但二者实际是同一商标，使用简体'采乐'商标并未改变引证商标的显著性；强生公司第三次申请依据新《商标法》第 13 条第 2 款的规定，并且提交了新的证据，增加了新的事实、

---

① 参见《最高人民法院公报》2010 年第 6 期（总第 164 期）。
② 2002 版《中华人民共和国商标法实施条例》第 35 条规定："申请人撤回商标评审申请的，不得以相同的事实和理由再次提出评审申请；商标评审委员会对商标评审申请已经作出裁定或者决定的，任何人不得以相同的事实和理由再次提出评审申请。"
③ 根据中央机构改革部署，2019 年，国家工商行政管理总局商标局、商标评审委员会、商标审查协作中心整合为国家知识产权局商标局。

理由和请求，商评委①没有违反一事不再理原则。"②

但这一思路在再审程序中被驳回，最高人民法院再审认为：

> 对已决的商标争议案件，商评委如果要受理新的评审申请，必须以有新的事实或理由为前提。新的事实应该是以新证据证明的事实，而新证据应该是在裁定或者决定之后新发现的证据，或者确实是在原行政程序中因客观原因无法取得或在规定的期限内不能提供的证据。如果将本可以在以前的行政程序中提交的证据作为新证据接受，就会使法律对重启行政程序事由的限制形同虚设，不利于形成稳定的法律秩序。强生公司在本次评审申请中提交的证明争议商标申请日之前其引证商标驰名的证据，均不属于法律意义上的新证据。行政裁定或者决定作出之后法律发生了修改，也不能作为新的理由。对比强生公司的三次申请书所列的事实和理由，本案涉及的第三次评审申请所主张的驰名商标、混淆误认并非新的事实，在前两次申请中均已提出，所提出的理由及法律依据与前两次实质上是相同的。由于强生公司提出本次评审申请并无新的事实和理由，商评委再行受理强生公司本次提出的评审申请于法无据。③

由此可见，最高人民法院在再审中不仅表示反对，还进一步探讨了该行政解释中蕴含的政策裁量的正当性。最高人民法院指出，若接受被告给出的行政解释，"就会使法律对重启行政程序事由的限制形同虚设，不利于形成稳定的法律秩序"。由此可知，最高人民法院对于商评委的

---

① 指本案中的国家工商行政管理总局商标评审委员会，后不一一指明。

② 参见北京市第一中级人民法院行政判决书（2005）一中行初字第 793 号、北京市高级人民法院行政判决书（2007）高行终字第 404 号。

③ 参见《最高人民法院公报》2010 年第 6 期（总第 164 期）。

质疑源于对"稳定的法律秩序"这一新的政策裁量方向的重视与思考。相对于促进市场经济健康发展的考虑，最高人民法院更看重行政解释的社会影响，如稳定的法律秩序、社会影响力、社会公众的情感认同等政策裁量方向。

【案例10】益民公司诉河南省周口市政府等行政行为违法案①

在本案中，被告在答辩过程中主动公开了省计委、省建设厅、当地市计委发布的相关政策文件，证明其授予第三人亿星公司城市天然气独家经营权的行为已经过充分的政策裁量。

河南省高级人民法院一审认为：

> 关于54号文的合法性。益民公司1999年取得燃气经营权，2000年取得燃气专营权，在益民公司的经营权和专营权未经法律程序被撤销的情况下，市政府又授予亿星公司天然气管网项目经营权，由于燃气包含天然气，这种做法造成了益民公司和亿星公司在天然气经营权上的冲突。虽然益民公司的专营权在本案诉讼过程中被废止，但在市计委招标和市政府作出54号文时，益民公司的专营权还未被撤销，其营业执照至今未被撤销。54号文是依据招标作出的，招标方案和招标通知存在违法之处，54号文缺乏合法的依据，因此构成违法行政行为。②

最高人民法院在二审中认为：

> 虽然市计委作出《招标方案》、发出《中标通知书》及市政府作出54号文的行为存在适用法律错误、违反法定程序之情形，且

---

① 参见《最高人民法院公报》2005年第8期（总第106期）。
② 参见河南省高级人民法院行政判决书（2003）豫法行初字第1号。

影响了上诉人益民公司的信赖利益，但是如果判决撤销上述行政行为，将使公共利益受到以下损害：一是招标活动须重新开始，如此则周口市"西气东输"利用工作的进程必然受到延误。二是由于具有经营能力的投标人可能不止亿星公司一家，因此重新招标的结果具有不确定性，如果亿星公司不能中标，则其基于对被诉行政行为的信赖而进行的合法投入将转化为损失，该损失虽然可由政府予以弥补，但最终亦必将转化为公共利益的损失。三是亿星公司如果不能中标，其与中石油公司签订的"照付不议"合同亦将随之作废，周口市利用天然气必须由新的中标人重新与中石油公司谈判，而谈判能否成功是不确定的，在此情况下，周口市民及企业不仅无法及时使用天然气，甚至可能失去"西气东输"工程在周口接口的机会，从而对周口市的经济发展和社会生活造成不利影响……由于周地建城（2000）10 号文已被周口市建设局予以撤销，该文现在已不构成被诉具体行政行为在法律上的障碍，因此就本案而言，补救措施应当着眼于益民公司利益损失的弥补，以实现公共利益和个体利益的平衡。一审法院判决确认被诉具体行政行为违法并无不当，但其对补救措施的判决存在两点不足：一是根据法律精神，为防止行政机关对于采取补救措施之义务无限期地拖延，在法律未明确规定期限的情况下，法院可以指定合理期限，但一审判决未指定相应的期限。二是一审判决仅责令市政府采取相应的补救措施，而未对市计委科以应负的义务。①

分析上述判决内容可知，一审法院审理后发现，被告所提供的政策文件存在适用法律错误、违反法定程序之情形。二审法院未止步于此，

---

① 参见《最高人民法院公报》2005 年第 8 期（总第 106 期）。

而是选择在一审判决的基础上更进一步，基于公共利益的考虑拒绝了被告的政策裁量，明确指出，为保障周口市"西气东输"工作继续推进、保证周口市民及企业能及时使用天然气，被诉行政行为虽违法，但不宜撤销。

2. 法院提出额外的政策裁量内容

前述案例中，法院均是基于个案行政解释中涉及的政策裁量内容展开分析。但除此之外，若行政机关未提及政策裁量，法院也会选择主动补充。在这类情境中，行政决定通常未明确涉及政策裁量方向，有时法院审理后会在行政解释涵盖的政策裁量内容之外主动提出额外的政策裁量方向，以此来增强判决理由的说服力，凸显法院裁判的谨慎度与严密度。值得注意的是，对于经由最高人民法院再审的案例，再审判决中法院对政策裁量部分的评析观点可以对将来的判决营造略带倾向性的引导作用，补强案例本身的典型意义。

【案例11】何某良诉成都市武侯区劳动局工伤认定行政行为案①

在本案中，员工何某章在上班期间被发现摔倒在车间旁的厕所内不省人事，后经抢救无效死亡。被告成都市武侯区劳动局认为该员工是上班铃声响后未进车间而先到厕所小便，在厕所里不慎摔伤，经送往医院抢救无效后死亡，上厕所与从事的本职工作无关，不属于工伤。同时，被告强调："何某章在事发地摔伤，并非在厂方安排的本职工作岗位上，也不属于完成本职工作任务中发生的因工所致的伤亡，且事发地并不存在安全隐患，应是偶然发生的意外事故，该情形不符合劳动部和四川省劳动厅关于认定工伤的规定。"

一审过程中成都市武侯区人民法院认为：

---

① 参见《最高人民法院公报》2004 年第 9 期（总第 95 期）。

《劳动法》第三条规定，劳动者享有"获得劳动安全卫生保护"的权利，"上厕所"是人的自然生理现象，任何用工单位或个人都应当为劳动者提供必要的劳动卫生条件，维护劳动者的基本权利。"上厕所"虽然是个人的生理现象，与劳动者的工作内容无关，但这是人的必要的、合理的生理需要，与劳动者的正常工作密不可分，被告片面地认为"上厕所"是个人生理需要的私事，与劳动者的本职工作无关，故作出认定何某章不是工伤的具体行政行为，与劳动法保护劳动者合法权利的基本原则相悖，也有悖于社会常理……何某章是在上班时间在工作区域内发生的非本人过错的伤亡，不认定为工伤与上述法规、规定的本意不符，也没有相应的法律、法规依据。因此，武侯区劳动局根据何某良的申请对何某章受伤死亡作出不予认定为因工负伤的行政行为没有法律、法规依据。[①]

成都市中级人民法院在二审中指出：

劳动者享有获得劳动安全卫生保护的权利，是劳动法规定的基本原则，任何用工单位或个人都应当为劳动者提供必要的劳动卫生条件，维护劳动者的基本权利。劳动者在日常工作中"上厕所"是其必要的、合理的生理需求，与劳动者的正常工作密不可分，应当受到法律的保护。被告作出的行政认定未体现劳动法中保护劳动者合法权益的基本原则，属适用法律、法规错误。[②]

由此可见，尽管被告成都市武侯区劳动局并未在其行政解释中直接提及政策裁量的内容，但一审法院与二审法院均不约而同地以政策裁量

---

① 参见《最高人民法院公报》2004 年第 9 期（总第 95 期）。
② 参见《最高人民法院公报》2004 年第 9 期（总第 95 期）。

为由对该行政解释表示反对。一审法院将当事人权益纳入考量范围，指出该行政解释“与劳动法保护劳动者合法权利的基本原则相悖，也有悖于社会常理……不认定为工伤与上述法规、规定的本意不符”。二审法院更是进一步重申了一审法院提出的新的政策裁量方向，认为“被告作出的行政认定未体现保护劳动者合法权益的基本原则”。

【案例12】孙某兴诉天津园区劳动局工伤认定行政纠纷案①

在本案中，双方当事人的争议主要围绕 2004 版《工伤保险条例》第 14 条第（一）项产生。②

在该案中，原告孙某兴在行走至用人单位的一楼门口台阶时滑倒受伤，被告天津园区劳动局简单地以“受伤地点不属于受伤员工的工作场所范围”、员工受伤“完全是因为本人精力不集中所致”为由，拒绝认定其为工伤。被告天津园区劳动局强调：“孙某兴属于‘因工外出’，事实清楚。原审第三人中力公司的经营场所为商业中心八楼，被上诉人接受的任务是开车接人。按照通常理解，只有中力公司在商业中心八楼的营业场所和被上诉人所开的汽车内，才是被上诉人的工作场所。而被上诉人是在商业中心一楼门口台阶处摔伤，受伤地点不属于被上诉人的工作场所范围。被上诉人不是因完成工作任务即开车摔伤，也不是因雨、雪天气导致台阶地滑等客观原因摔伤，完全是因为本人注意力不集中，脚底踩空所致，其受伤结果与其所接受的工作任务没有明显的因果关系，故不属于‘因工作原因’致伤。”

天津市第一中级人民法院在一审中指出：

---

① 参见《最高人民法院公报》2006 年第 5 期（总第 115 期）。

② 2004 版《工伤保险条例》第 14 条规定：“职工有下列情形之一的，应当认定为工伤：（一）在工作时间和工作场所内，因工作原因受到事故伤害的；（二）工作时间前后在工作场所内，从事与工作有关的预备性或者收尾性工作受到事故伤害的；（三）在工作时间和工作场所内，因履行工作职责受到暴力等意外伤害的；（四）患职业病的；（五）因工外出期间，由于工作原因受到伤害或者发生事故下落不明的；（六）在上下班途中，受到机动车事故伤害的；（七）法律、行政法规规定应当认定为工伤的其他情形。”

原告孙某兴接受本单位领导指派的开车接人任务后，从公司所在的八楼下到一楼，在前往院内停放汽车处的途中摔倒。孙某兴当时并未驾车离开公司所在的院内，不属于因工外出期间摔伤，而是属于在工作时间和工作场所内，为了完成工作任务，由于工作原因摔伤，因此符合《工伤保险条例》第十四条第（一）项认定工伤的法定条件。①

随后，天津市高级人民法院在二审中提出：

关于被上诉人孙某兴本人行走当中不够谨慎的过失是否影响工伤认定的问题……职工从事工作中存在过失不属于不认定工伤的法定情形，不影响职工受伤与从事本职工作之间因果关系的成立。工伤事故中，受伤职工一般均具有疏忽大意、精力不集中等过失。如果将职工主观上的过失作为工伤认定的排除条件，既不符合《工伤保险条例》保障劳动者合法权益的本意，也有悖于日常生活经验。即使孙某兴在行走之中确实有失谨慎，亦不影响本次工伤认定。上诉人园区劳动局②以导致孙某兴摔伤的原因不是雨、雪天气使台阶地滑，而是因其本人精力不集中导致为由，主张孙某兴不属"因工作原因"致伤，理由不能成立……劳动和社会保障行政机关在适用《工伤保险条例》《工伤认定办法》时，应当根据立法目的去理解其中的具体规定。本案中上诉人园区劳动局对《工伤保险条例》第十四条第（一）项规定的"工作场所""因工作原因"的理解，不符合《工伤保险条例》保障职工合法权益的立法目的……行政机关对法律的理解违背立法本意，人民法院在审理相关行政诉讼案件中，

---

① 参见《最高人民法院公报》2006 年第 5 期（总第 115 期）。
② 指案件中的天津园区劳动局，后同。

应当依法作出正确的解释,这也是对行政机关行使职权的监督。①

分析上述内容可知,尽管天津园区劳动局给出的行政解释中没有直接涉及政策裁量的内容,但法院在审理后仍以该行政解释"既不符合《工伤保险条例》保障劳动者合法权益的本意,也有悖于日常生活经验"为由,提出反对意见。

【案例13】崔某书诉丰县人民政府行政允诺案②

在本案中,原被告双方的纠纷主要围绕《丰县招商引资优惠政策的通知》(丰委发〔2001〕23号,以下简称《23号通知》)产生。原告崔某书诉称,其经过多方奔走完成了为当地招商引资的工作,要求当地政府依据《23号通知》兑现招商引资奖励允诺,遭到被告拒绝。被告提供了丰县发展改革与经济委员会出具的《关于对〈关于印发丰县招商引资优惠政策的通知〉部分条款的解释》,将《23号通知》中的部分条款及概念解释为"本县新增固定资产投入300万元人民币以上者,可参照此政策执行"。据此,被告丰县人民政府不愿将争议项目认定为奖励范围内的招商引资项目,理由是:"争议项目系重庆康达公司以BOT模式投资建设运营的新企业,故不属于《23号通知》附则规定的'本县新增固定资产投入300万元人民币以上者'。"

一审过程中,江苏省徐州市中级人民法院认为,引发争议的涉案项目不属于《23号通知》第25条及附则规定的奖励范畴,不应予以奖励。但二审法院对此表示反对。二审中,江苏省高级人民法院指出:

> 本案涉及的《23号通知》系被上诉人丰县政府为充分调动社会各界参与招商引资积极性,以实现政府职能和公共利益为目的的向

---

① 参见《最高人民法院公报》2006年第5期(总第115期)。
② 参见《最高人民法院公报》2017年第11期(总第253期)。

不特定相对人发出的承诺，在相对人实施某一特定行为后，由自己或其所属职能部门给予该相对人物质奖励的单方面意思表示。根据该行为的法律特征，应当认定《23号通知》属于行政允诺。对于被上诉人丰县政府在《23号通知》所作出的单方面行政允诺，只要相对人作出了相应的承诺并付诸行动，即对双方产生约束力。本案中，上诉人崔某书及其妻子李某侠响应丰县政府《23号通知》的号召，积极联系其亲属，介绍重庆康达公司与丰县建设局签订投资建设协议，以BOT模式投资建设成涉案项目并投产运行至今，为丰县地方取得了良好的经济效益和社会效益。基于丰县政府在《23号通知》中的明确允诺，丰县政府至今未履行《23号通知》中允诺相应奖励义务的现实，崔某书夫妻二人推举崔某书为代表提起本案之诉，于法有据……我国统计指标中所称的"新增固定资产"是指通过投资活动所形成的新的固定资产价值，包括已经建成投入生产或交付使用的工程价值和达到规定资产标准的设备、工具、器具的价值及有关应摊入的费用。从文义解释上看，《23号通知》中的"本县新增固定资产投入"，应当理解为新增的方式不仅包括该县原有企业的扩大投入，也包括新企业的建成投产。申言之，如《23号通知》在颁布时需对"本县新增固定资产投入"作出特别规定，则应当在制定文件之初即予以公开明示，以避免他人陷入误解……

由此可知，二审法院主张，应对争议语句作扩张性理解，即"新增的方式不仅包括该县原有企业的扩大投入，也包括新企业的建成投产"。随后，二审法院责令被告丰县人民政府依法履行对原告崔某书的奖励义务。不可否认，二审法院是为了充分调动社会各界参与招商引资的积极性而作出了这一判决。

综上所述，基于对现实司法实践案例的阅读与梳理，可以进一步了解司法对于行政解释中的政策裁量的审查模式与审查姿态。诚然，法院不是行政管理的专家，在进行政策裁量的经验值与熟练度上无法与久经考验的行政机关相媲美。但通过对上述案例的分类观察与解读可以发现，法院在审查行政解释的过程中，对于不同方向的政策裁量内容会加以细致斟酌与全面衡量，力求为政策裁量内容提供详尽的论证与支撑。正如有学者所言，"自 20 世纪中后期以来，随着行政积极职能的扩张，行政法和司法审查的主要功能从侧重保护私人权利，转向行政良好运作、在法治之下为公民个人和社会谋求更大的福祉"[1]。而面对行政解释中的政策裁量，如何把握司法尊重与法院审查职能之间的平衡，始终是需要我们加以关注的难点与重点。

第四节　政策裁量司法审查的困境及其根源

一、困境：现有审查模式削弱了政策裁量的积极效应

回顾上述案例可知，现有政策裁量司法审查运作存在部分逻辑冲突。一方面，法院倾向于不尊重行政机关的政策裁量结果。基于现有分析可知，法院在超过半数的案例中选择不尊重行政机关的政策裁量结果。尤为特殊的是，司法机关并非仅因"不存在裁量空间"而拒绝接受政策裁量，多数情形是司法机关主动选择代替行政机关作出全新的政策裁量内容。另一方面，法院对于相似问题的审查姿态并不统一。例如，

---

① 杨伟东：《权力结构中的行政诉讼》，北京大学出版社 2008 年版，第 77 页。

同样涉及"促进社会主义市场经济健康发展"的政策裁量内容，但在"宜昌市妇幼保健院不服宜昌市工商行政管理局行政处罚决定案"与"佛山市圣芳（联合）有限公司诉国家工商行政管理总局商标评审委员会、第三人强生公司撤销行政纠纷案"中，法院作出了不同的选择。在前者中，法院选择尊重行政机关的政策裁量；而在后者中，法院以另一种方向的政策裁量取代了被告的政策裁量内容。① 综合来看，现有审查模式在一定程度上削弱了政策裁量在执法活动中的积极效应。

由此，造成了如下司法审查困境，一方面，法院拒绝政策裁量后，政策裁量对行政效率的促进作用会减弱。司法机关拒绝政策裁量的现状，无疑会削弱政策裁量的积极作用、降低行政效率，这有悖于我国行政诉讼制度改革加速推进的大背景。

另一方面，法院代替行政机关重新进行政策裁量或增加新的政策裁量内容的选择，也会使政策裁量在缓解执法压力方面的效用被淡化。法院拒绝政策裁量后，行政机关为避免再次陷入诉讼争议中，很有可能会逐渐在执法过程中选择放弃政策裁量，进而导致行政决定的可接受度下降、执法压力增大。

二、根源：追求社会效果的政策实施型司法

回溯我国政策裁量司法审查的实践现状后可知，前述问题的出现与法院在面对政策裁量时的角色功能及其目标导向息息相关。在本土语境下讨论行政解释中的政策裁量司法审查过程，涉及两个重要的问题：第一个问题涉及法院的功能定位，即在政策裁量司法审查过程中，除了"公正的维护者"这个家喻户晓的身份外，法院是否还扮演其他的角色？

---

① 参见：《最高人民法院公报》2001 年第 4 期（总第 72 期）；《最高人民法院公报》2010 年第 6 期（总第 164 期）。

第二个问题关涉法院的目标定位，倘若我们承认法院在此过程中确有一个特殊身份，那么法院希望实现何种目标？显然，这两个问题中，前者的答案有助于我们解开后者的谜团。

（一）法院的角色功能与达玛什卡的两种极端形态司法组织

关于法院在司法过程中的定位是一个颇为传统的研究话题，各家论者都曾针对此问题展开研究，但所阐述的观点往往是各有千秋，缺乏一致性。传统观点认为，"作为法律学家主要研究对象之一的审判制度，其首要任务就是纠纷的解决。也就是说，如何通过审判妥善解决纠纷是法解释学的中心课题"[①]。这种传统认知将"发生实际纠纷"视为司法审判发挥功能的必然前提。后来，司法审判的理念、方式、目标发生了根本性变革，旧式的纠纷解决功能定位日益遭受挑战。法学界开始逐渐意识到，法院的功能并不仅限于作出判决。由此，学者们的研究目标开始朝着不同的方向发展，并由此衍生出若干种新思潮。一种研究指向是以新的角色定位取代传统的司法功能。例如美国学者艾布拉姆曾主张，在当代社会中，法院促进社会进步的职能将逐步取代传统的纠纷解决职能；法官的角色是主动的，其不仅有责任进行可靠的事实发现，还要为保证案件有一个公正可行的结果而恰当组织和塑造诉讼。[②] 另一个研究方向则倾向于从集体诉讼的角度出发对传统功能进行改造。例如，美国学者菲斯创设了"结构性诉讼"理论，并指出该理论与传统论断的区别在于，传统的司法功能是个人主义导向的，而结构诉讼理论则是群体导向的；前者只关心案件本身是否得到解决、公正是否得以实现，后者的

---

① ［日］棚濑孝雄：《纠纷的解决与审判制度》，王亚新译，中国政法大学出版社 1994 年版，第 1 页。

② Abram Chayes：*The Role of the Judge in Public Law Litigation*，载 *Harvard Law Review*，1976 年第 89 卷，第 1281－1361 页。

诉讼主题不再聚焦于事件本身，而是关注危及宪政价值或者组织结构的社会条件。[1]

在诸多讨论中，美国学者达玛什卡提出的两种极端形态司法组织理论为探索法院的角色定位提供了一定的启发。达玛什卡从政府性情倾向着手，将现有的各类国家形态归入了不同的类别，并指出，这些国家类型彼此间存在微妙的差别，如同广泛分布在一条直线上的各个点。在这条直线的两端是达玛什卡所设想的两种极端类型的国家，即回应型国家和能动型国家。回应型国家信奉自由放任原则，能动型国家致力于广泛介入社会生活。随后达玛什卡推演出了与这两类国家各自对应的司法形态，即纠纷解决型司法与政策实施型司法。简言之，在回应型意识形态的视野中，所有的政府活动都与纠纷解决密不可分，司法永远意味着解决纠纷；而对于能动型国家的司法而言，其最终目的在于将国家政策贯彻到法官所审理的案件之中。与此同时，达玛什卡也承认，这两个遥遥相望的端点上的司法类型有时也会相互转化，产生一种混合式的司法形态。[2]

尽管达玛什卡提出的两种极端形态司法组织理论主要是为其探索司法程序的目的服务，但其较为完善的阐释逻辑无疑可以为探索法院的角色定位提供一定的启发。

（二）我国法院兼具纠纷解决型与政策实施型功能

我国学界已经注意到法院在纠纷解决方面的突出表现，针对法院的解决纠纷功能所展开的研究逐渐成为法社会学研究者的重要领域。[3] 有

---

[1] Owen Fiss：*The Law as it could be*，New York University Press，2003 年版，第 18 – 19 页。

[2] ［美］米尔伊安·R. 达玛什卡：《司法和国家权力的多种面孔：比较视野中的法律程序》，郑戈译，中国政法大学出版社 2015 年版，第 92 – 125 页。

[3] 强世功：《调解、法制与现代性：中国调解制度研究》，中国法制出版社 2001 年版，第 1 – 87 页；侯猛：《中国最高人民法院研究：以司法的影响力切入》，法律出版社 2007 年版，第 172 – 186 页；汪庆华：《政治中的司法：中国行政诉讼的法律社会学考察》，清华大学出版社 2011 年版，第 119 – 161 页。

学者提出，在行政诉讼中法院最主要的目标是解决行政纠纷："解决纠纷、维护社会秩序才是行政诉讼程序唯一的目的。"① 而且，并非只有基层法院才关注具体纠纷的解决，几乎所有层级的法院都绕不开纠纷解决这一话题。② 本土的司法实践也证明纠纷解决功能是我国法院工作的重要组成部分。2016 年，最高人民法院发布《关于人民法院进一步深化多元化纠纷解决机制改革的意见》（法发〔2016〕14 号），要求深化多元化纠纷解决机制改革、完善诉讼与非诉讼有机衔接的纠纷解决机制。各地法院也纷纷响应，在解决纠纷方面发挥重要作用，并探索建立多元化的纠纷解决机制。《最高人民法院关于人民法院全面深化司法改革情况的报告》中指出，深化司法改革进程中，大力推进多元化纠纷解决机制改革，推广"眉山经验""潍坊经验""马鞍山经验"，引导当事人选择非诉方式化解矛盾。已建立 2400 多个专门诉调对接中心、近 2 万个特邀调解组织，吸纳特邀调解员 6 万多人。③ 从这个角度考察，法院已成为化解各类矛盾的中心，人们希望法院能够化解日益繁多的社会矛盾。

但不同于达玛什卡所设想的单一型司法样态，我国法院具有纠纷解决型与政策实施型双重特质。因为我国法院不仅是"出色的解决纠纷者"，还扮演着政策实施型司法角色，在社会控制、规则确立和权力制约等领域发挥着重要功能，担负着落实依法治国基本方略的重要使命。④

一方面，法院的工作涉及普法、实现社会治理、为经济发展保驾护

---

① 宋炉安：《行政诉讼程序目的论》，载刘莘：《中国行政法学新理念》，中国方正出版社 1997 年版，第 65 页。

② 汪庆华：《政治中的司法：中国行政诉讼的法律社会学考察》，清华大学出版社 2011 年版，第 36 页。

③ 参见最高人民法院原院长周强在 2017 年 11 月 1 日第十二届全国人民代表大会常务委员会第三十次会议上所作的《最高人民法院关于人民法院全面深化司法改革情况的报告》，网址：http://www.npc.gov.cn/npc///c2/c30834/201905/t20190521_278205.html，最后访问时间：2024 年 5 月 24 日。

④ 参见《中共中央关于进一步加强人民法院、人民检察院工作的决定》（中发〔2006〕11 号）。

航等诸多内容，且近年来法院的政治任务紧密跟随国家发展的大政方针。有学者在仔细梳理1950—2007年最高人民法院工作报告后揭示，最高人民法院政治任务的整体走势与近年来国家发展建设的整体格局及实施方案变动大致趋同。①

另一方面，法院在落实其职能时会格外注意回应当时当地的国家政策与意识形态要求。例如，在某个特定阶段，"司法为民、保障人权、化解社会矛盾、保护弱势群体"等政策性内容会频繁出现在最高人民法院及全国各级法院的工作文件中，表明这一阶段法院所肩负的主要任务是协助执行国家政治纲领。也正因如此，最高人民法院所制定的各类规范性文件呈现出多层多样的断片簇集在一起的外观。② 此外，前述部分案例中，一审法院与二审法院在裁判思路上呈现出的高度相似性也进一步验证了我国法院的政策实施型职能。有学者指出，原审法院与上诉审法院在裁判思路上的相似性体现了政策实施取向的司法制度环境，"它将更加强调上下级法院步调上的整齐划一，以使政策的实施更富有效率"③。这些服务于国家任务的司法图景生动形象地展示了我国法院以政策实施为主导的职能构建。

尽管我国法院具有纠纷解决型司法与政策实施型司法双重特质，但是当法院面对承载着政策裁量的个案行政解释时，其政策实施职能在司法审查过程中无疑发挥着更为重要的作用。在这样的情形之下，法院判决理由中的微言大义似乎不足以实现其所担负的政治任务。于是，司法判决的社会效果开始进入人们的视野。换言之，法院在案件审理过程

---

① 时飞：《最高人民法院政治任务的变化：以1950—2007年最高人民法院工作报告为中心》，载《开放时代》，2008年第1期，第123-140页。

② 季卫东：《中国司法的思维方式及其文化特征》，载《法律方法与法律思维》（2002年第1辑），中国政法大学出版社2002年版，第116页。

③ 谭清值：《公共政策决定的司法审查》，载《清华法学》，2017年1期，第189-206页。

中，"所考虑的不只是法律，而是这些法律可能带来的后果"，"注重法律效果与社会效果的统一"。[①]

（三）政策实施型司法的目标导向：实现社会效果与法律效果相统一

如前所述，当面对内含政策裁量的行政解释时，法院在审理过程中通常会将社会效果纳入考量。"追求法律效果与社会效果相统一"逐渐成为司法工作的重心。对于社会效果的重视，可以从我们党对法院提出的工作设想中略窥端倪。"人民法院肩负着贯彻依法治国基本方略的重要使命，在巩固执政党地位、维护国家长治久安、保障人民群众安居乐业、促进经济社会发展、保障社会公平正义和构建和谐社会中负有重大历史责任。"[②] 那么，什么样的社会效果才是法院所欲达成的目标？将社会效果目标纳入考量范围又会对法院的审理过程产生何种影响？上述问题的有效回答对于我们解答政策裁量司法审查所引发的现实问题将大有裨益。

关于"社会效果"的界定众说纷纭，其中有四类观点接受度较高，分别为：发挥法律作用说，即社会效果是指法院判决达成了法律保障经济发展、维护社会稳定的作用；符合国情说，即符合国情和当地现实的判决才属于具有社会效果的判决；社会舆论说，即司法判决是否具有社会效果取决于该判决的社会满意度；推动发展说，即将"社会效果"理解为"引领社会发展"。[③] 从这些理论概括来看，似乎很难对"社会效

---

① 汪庆华：《政治中的司法：中国行政诉讼的法律社会学考察》，清华大学出版社 2011 年版，第 36 页。

② 参见《中共中央关于进一步加强人民法院、人民检察院工作的决定》（中发〔2006〕11 号）。

③ 江必新：《在法律之内寻求社会效果》，载《中国法学》，2009 年第 3 期，第 5 - 14 页；江必新：《法律效果与社会效果》，载《法治日报》，2000 年 3 月 12 日；张忠斌、黄芙蓉：《关于司法的社会效果内涵之评析》，载《甘肃政法学院学报》，2003 年第 6 期，第 24 - 29 页；关情：《法官视角中的能动司法》，载《法律科学》，2012 年第 1 期，第 28 - 35 页。

果"作一个精准的定义，但基于现有讨论可以达成一个共识，法院在作出个案判决的过程中不仅仅是机械的法律执行者，还需回应社会需求、为宏观的政府管制目标所服务，同时要将诸多潜在的社会影响纳入考虑范围。由于社会需求千千万万，各种利益冲突不断凸显，在追求社会效果的过程中，政策裁量过程无疑成为法院破解利益冲突、寻求利益平衡的有力选择。毕竟政策裁量要求法官"把司法审判放在党和国家工作大局中加以考虑，把执行党的路线方针政策体现和实现于司法审判过程之中，把维护全局利益体现和实现于个案的公正审判之中"①。

得益于理论研究与实务中对于社会效果的热议，"追求法律效果与社会效果相统一"的说法成为司法活动中的普遍声音。最高人民法院曾多次发文强调要注重两个效果的统一②，"两个效果相统一"也成为地方各级法院的关注焦点。某法院曾在其年度总结报告中写道："行政审判庭充分认识到党群关系的重要性，他们在办案中不单纯地就案办案，而是注重法律效果与社会效果的统一，使审判工作更好地为改革开放、为社会稳定服务。"③ 但并非所有人都赞同这一表述，批评的声音也不在少数。

一方面，有论者认为广义的法律效果本身已包含社会效果："概括地说，社会效果不过是法律效果的一部分，即在法律适用时进行社会需求、社会价值和社会变化的衡量，将这些社会因素纳入考虑范围，成为法律适用的组成部分，而一旦纳入这些考量，法律适用的社会效果也就

---

① 公丕祥：《当代中国能动司法的理论与实践》，载《审判研究》编辑委员会：《审判研究》（第3辑），法律出版社2009年版，第35页。
② 参见：《最高人民法院关于充分发挥审判职能切实维护企业和社会稳定的通知》（法〔2002〕132号）；《最高人民法院关于妥善处理群体性行政案件的通知》（法〔2006〕316号）。
③ 汪庆华：《政治中的司法：中国行政诉讼的法律社会学考察》，清华大学出版社2011年版，第38页。

与法律效果融为一体了。"① 另一方面，也有论者主张法律效果与社会效果格格不入，法律效果才是唯一的评判尺度："在法治的框架内，对法官来说，法律是司法的唯一依据，法律效果是评判司法公正的唯一标准——凡是合法的，就是公正的，社会效果所体现的合法需求，是法律效果所兼容的；社会效果所体现的不合法要求，尽管有其合理性，但为了法治的实现，一定程度的参考是必要的，但绝对不能由此颠覆法律至上在法治国家的地位，将社会效果作为衡量司法公正的标准。"② 相似的观点还包括："人民法院的根本任务就是严肃执法，忠实地执行宪法和法律，最准确地适用法律，追求最佳的法律效果，有了最佳的法律效果，必然取得良好的社会效果。但不能硬性要求法律效果与社会效果统一，将'法律效果与社会效果统一'作为口号提出。当法律效果与社会效果冲突时，只能服从法律效果。"③

仔细分析各家论说可发现，分歧点在于对社会效果进入法院审理过程的原因有不同的理解。两个效果相统一的支持者们注意到了我国行政法解释过程的复杂性。换言之，行政解释过程除了单纯的法律技术运作，也交织着各种法外因素。不得不承认，"法律规定不可能穷尽所有变化了的社会和经济关系，如果我们撇开党的政策，撇开经济和必要的行政手段，简单地运用法律手段解决改革开放中的所有问题，必然导致办案社会效果的不理想。"④ 因此通过社会效果来弥补法律效果可能存在的疏漏便成为行政解释司法审查的题中之义。反对将两个效果相提并论

---

① 孔祥俊：《论法律效果与社会效果的统一：一项基本司法政策的法理分析》，载《法律适用》，2005 年第 1 期，第 26 - 31 页。
② 戴乾涨：《契合与冲突：社会效果司法标准之于司法公正——一个关于法律至上司法理念的话题》，载《法律适用》，2005 年第 5 期，第 31 - 35 页。
③ 王发强：《不宜要求"审判的法律效果与社会效果统一"》，载《法商研究》，2000 年第 6 期，第 23 - 26 页。
④ 李国光：《坚持办案的法律效果与社会效果相统一》，载《党建研究》，1999 年第 12 期，第 5 - 7 页。

的论者认为："社会效果的实现途径是多样的，但是司法追求的社会效果主要应该通过法律来获得，应该在法律之内来寻求。"① 换言之，这部分学者认为，社会效果属于法律效果的构成要素之一，在追求法律效果的同时已经达成了实现社会效果的意旨，必须在法律之内寻求社会效果，但在特殊情况下，"为了实现法的安定性、正义价值以及法的合目的性三者之间的平衡，我们也可以在特定的情况下，在严格限制条件的情况下，在某些方面通过法律之外的途径或变通法律适用获得"②。

至此，我们不免产生一个疑惑：既然社会效果如此重要，那么政策实施型司法应通过何种途径来作出具有社会效果的个案判决？换言之，当面对个案行政解释时，法院应如何实现理想的社会效果，以完成"两个效果相统一"的要求？

如前所述，我国法院兼具纠纷解决型司法职能与政策实施型司法职能。在此过程中，狭义法律解释能够帮助法院落实纠纷解决职能，而政策实施职能则需要借助政策裁量司法审查过程来完成。具体而言，当面对个案行政解释时，法院先借助狭义法律解释来落实纠纷解决职能。若行政机关已经通过政策裁量过程对公共政策与法条含义作了有机结合，显然，法院判决理由中的微言大义似乎不足以实现其所负有的政治任务。此时，法院的政策实施职能更占上风，需要通过对于法内因素和法外因素的综合考量来审慎考察政策裁量内容，以确保行政解释结论安然落在法律效果与社会效果共同构筑的"疆域"内。

值得注意的是，法内因素即前述狭义法律解释所达成的分析结果，而法外因素内容繁多，需要结合个案情境具体分析。例如，有论者主张，应通过重点关注法律规范之外的情境性因素，如社会稳定、与政府

---

① 江必新：《在法律之内寻求社会效果》，载《中国法学》，2009年第3期，第5-14页。
② 江必新：《在法律之内寻求社会效果》，载《中国法学》，2009年第3期，第5-14页。

的关系、党的领导、群众情绪、经济发展等，来实现社会效果；[1] 也有学者提出，应采用新的办案方式，如用调解协调代替判决，宣判后增加解释、说理、教育程序等，来实现社会效果。[2] 还有的学者认为，"注重社会效果"体现了法官对于社会舆情及各种社会压力的重视，表明法院期待在判决中弥合各种利益冲突。[3] 无论如何，当面对承载着政策裁量的个案行政解释时，法院需要在审查过程中格外重视社会舆情及各种社会压力，通过分析各类法外因素来破解利益冲突、寻求利益平衡。在前述案例中，无论是法院选择新的政策裁量方向，还是在审查过程中增加新的审查内容，都反映出法院对社会效果的重视，说明法院期望通过政策裁量的司法审查来化解各种利益冲突，以此来实现其在司法审判过程中考虑党和国家的发展方向，兼顾公共利益与个案正义的目标。同时，为保障行政机关行使其权力，维护社会秩序的基本效率，司法介入行政的限度必须维持在一个值域范围内。[4] 这也引出了新的现实课题：应如何把握司法介入行政解释的限度？本书的后续章节将重点针对这一问题展开讨论。

---

① 汪庆华：《政治中的司法：中国行政诉讼的法律社会学考察》，清华大学出版社 2011 年版，第 36 - 37 页。

② 何海波：《实质法治：寻求行政判决的合法性》，法律出版社 2009 年版，第 184 - 185 页。

③ 王旭：《行政法解释学研究：基本原理、实践技术与中国问题》，中国法制出版社 2010 年版，第 107 页。

④ 章剑生：《现代行政法基本理论》（上卷，第 2 版），法律出版社 2014 年版，第 104 页。

第四章

"行政－司法"互动：政策裁量
司法审查的理论映射*

* 本章的主要内容曾以《后谢弗林时代的美国行政解释司法审查：基于若干判例的审视》为题发表于《东南法学》2016 年第 1 期,第 70 –87 页。

众所周知，行政机关与法院在行政法的运作过程中扮演着不同的角色：行政机关是法律的执行者，法院则通常被认为是公正的维护者。在前面章节的讨论中，我们偏重探索行政机关在行政解释过程中意欲实现的政策裁量旨趣，并已经大致勾勒出了行政解释内在构造的基本轮廓及政策裁量在行政解释过程中的定位。接下来，让我们将视线转移到法院，尝试透过政策裁量这一特殊过程厘清法院在行政解释司法审查中所承担的任务。笔者通过系统的案例分析揭示美国法院近年来在行政解释司法审查中所展现出的从混沌难解到逐渐清晰、从过度司法尊重到有限制的司法尊重的现实转变，以期为我国政策裁量司法审查提供些许借鉴和参照。

第一节　司法尊重限度：政策裁量 司法审查引发的现实课题

实践中，行政解释的对象大多是"行政机关制定的，针对不特定对象发布，具有普遍约束力的规范性文件"①。究其本质，这种解释无疑"是对受行政政策影响的各种私人利益之间相互冲突的主张进行调节的过程"②。故此，一个不可回避的问题随之产生：行政机关的合法角色是

---

① 王庆廷：《行政诉讼中对其他规范性文件的审查》，载《人民司法》，2011 年第 9 期，第 92－95 页。

② ［美］斯蒂芬·布雷耶：《法官能为民主做什么》，何帆译，法律出版社 2012 年版，第 22 页。

执法者而非立法者,① 其作出的解释对法院有无约束力? 法院又应以何种姿态面对行政机关据此作出的行政决定,是否需要对其予以尊重? 显然,关于行政解释的司法审查姿态问题已是迷雾重重,更遑论法院面对行政解释中的政策裁量时的理想模式。追根溯源,关键在于行政解释触及了宪政体制下行政与司法的角色分工问题。准确厘清法院与行政机关之间的关系"不仅有助于测定行政国家实施行政管理任务的效率,还有助于保护公民个人权益免受行政机关滥用职权、破坏公平之害"②。

迄今为止,我国行政法学界学者分别围绕"不确定法律概念的司法审查""行政裁量的司法审查的限度""司法审查强度"等相关主题展开了充分探索并拥有丰硕的研究成果;也有学者从裁量基准入手对规范性文件的司法审查强度展开讨论。③ 这些研究都或多或少地触及了行政解释的司法尊重问题。④ 事实上,司法尊重也是全球多数国家司法审查理论研究者所关注的热点。有学者直言,从世界范围来看,英国的"温斯伯里不合理性"原则(Wednesbury unreasonableness)、美国的"谢弗林尊重"原则、欧洲大陆的比例原则(principle of proportionality)都可以视作各国行政法学者探索司法尊重问题的成果。⑤

---

① 余凌云:《行政自由裁量论》,中国人民公安大学出版社 2013 年版,第 124 页。

② [美] 斯蒂芬·G. 布雷耶、理查德·B. 斯图尔特、卡斯·R. 森斯特恩等:《行政法:难点与案例》(第 5 版,影印版),中信出版社 2003 年版,第 227-228 页。

③ 朱新力:《行政法律规范中的不确定法律概念及其司法审查》,载《杭州大学学报》,1994 年第 1 期,第 172-176 页;杨伟东:《行政行为司法审查强度研究:行政审判权纵向范围分析》,中国人民大学出版社 2003 年版,第 160-185 页;朱芒:《日本〈行政程序法〉中的裁量基准制度:作为程序正当性保障装置的内在构成》,载《华东政法学院学报》,2006 年第 1 期,第 73-79 页;王天华:《裁量标准基本理论问题刍议》,载《浙江学刊》,2006 年第 6 期,第 124-132 页;周佑勇:《行政裁量治理研究:一种功能主义的立场》,法律出版社 2008 年版,第 215-261 页。

④ 目前学界尚未形成关于"司法尊重"(judicial deference)这一现象的统称,经常见诸学者笔端的表述有"司法尊重""司法遵从""司法谦让"。为使行文更加规范,本书在论述中统一使用"司法尊重",但在引用相关文献资料时,为尊重原文,仍保留原作者选择的称谓。

⑤ 何海波:《实质法治:寻求行政判决的合法性》,法律出版社 2009 年,第 334 页。

习近平总书记指出："当前和今后一个时期，我国发展仍然处于重要战略机遇期，但机遇和挑战都有新的发展变化。"① 在这个关键时期，我国行政诉讼司法实践也面临着重要挑战，需要在法院职责和行政解释效能之间进行适度妥协。有鉴于此，笔者将致力于探索司法尊重行政解释的理论背景与客观限制，希冀为我国现今的司法审查制度建构提供可资借鉴的素材。

一、司法尊重的实质：划定"行政－司法"角力的界限

20 世纪 90 年代末，随着西方行政法学理论的导入，我国行政法学学者开始关注司法尊重的问题，并通过多视角、多维度的研究逐渐明晰了司法尊重的本质。行政诉讼是关乎行政权与司法权运作过程的制度设计，而司法尊重恰恰划定了行政权与司法权角力接触的界限。有学者将其归纳为"司法审查有限原则"，即"在行政诉讼中司法权在监督行政权时，其介入行政权领域的深度和广度必须保持一个限度，旨在使行政权的行使有一个足以控制社会秩序的基本效率"②。显然，司法尊重对传统的法院主导型司法审查体系产生了强烈的冲击。对此，担忧与赞同的呼声同时产生。

持反对意见的论者们提出，法院对于法律问题拥有最终决定权；只有当出现例外情况时，行政机关才能针对这些特殊情况作出权威解释，

---

① 习近平：《新发展阶段贯彻新发展理念必然要求构建新发展格局》，载《求是》，2022年第 17 期，网址：www.qstheory.cn/dukan/qs/2022－08/31/c_1128960034.htm，最后访问时间：2024 年 5 月 24 日。

② 章剑生：《现代行政法基本理论》（上卷，第 2 版），法律出版社 2014 年版，第 104页。

即行政机关拥有判断余地。① 此时，法院需尊重行政机关在判断余地内所享有的"有限的决定自由空间"；但尊重并不等同于完全放弃审查，判断余地仍被囊括在法院的审查范围之内。"在行政诉讼中，一旦判断余地构成了一个诉讼争点，法院也可从以下几个方面进行审查：（1）是否遵守法定程序；（2）是否有不相关的考虑；（3）是否明显违反常理等。"② 倘若法院审理后发现行政解释构成了上述某项情形，则仍有权推翻该行政解释并代之以自己的正确回答。甚至有论者认为司法尊重迫使法院屈从于行政机关的意志，进而违背了法律所体现的民意。③

相反，支持者们则极力主张，"司法机关的尊重不但体现了法院对行政机关尊敬重视的心态，也强调了法院对自身权力克制谦让的效果"④。常见的理论主要有以下几类：（1）适当性理论，即只要行政机关决定是适当的，法院就不宜予以审查；（2）评估特权理论，该理论主张法院应尊重行政机关对专业事项的评估或预测；（3）判断余地理论，即不确定法律代表了立法机关授予行政机关的判断余地，法院应保持尊重；（4）规范授权理论，该主张提出法院尊重行政机关在法定授权内所作出的解释。⑤ 综合而言，支持司法尊重的阵营认为，一方面，司法尊重并没有阻止法院履行其职能，对行政解释内容进行审查仍是法院审理过程的题中应有之义。另一方面，由于充分的解释空间是行政机关实现其社会管理任务、保障行政效率的必要前提，对于涉及政策裁量的行政

① "承认此种判断余地之根据，概有两种：一为从'事物本质'出发，根据不确定法律概念的'性质'或其行政决定之特殊性观点导出，另一为从'实体法'角度，根据实体法规之旨意，承认判断余地。"参见翁岳生：《行政法》（上册），中国法制出版社2009年版，第250页。

② 章剑生：《现代行政法总论》，法律出版社2014年版，第105页。

③ 汪庆华：《政治中的司法：中国行政诉讼的法律社会学考察》，清华大学出版社2011年版，第63-64页。

④ 何海波：《论行政行为"明显不当"》，载《法学研究》，2016年第3期，第70-88页。

⑤ 李建良：《行政法基本十讲》（第5版），元照出版公司2014年版，第281页。

解释而言，尤其如此。在前面章节的论述中已经提及，政策裁量的实质是在公共政策的引导下为实现公共利益而进行价值权衡。但是对于"为公共利益而活动的行政来说，司法控制往往成为负担和障碍"①。由此可知，司法尊重的存在有助于划定法院介入行政解释的界限，在一定程度上淡化司法干预对于政策裁量空间的压迫。对于司法尊重的拥护者而言，司法对行政解释的干预必须维持在一个相对合理的范围之内，以排除司法过度干预所导致的行政裁量空间压缩等弊端。因此，无论是对于法院还是对于行政机关而言，司法尊重都达成了一个双赢的局面。

综合比较后不难发现，上述两类论断都认同法院有权对行政解释进行司法审查，也都赞同对于部分特殊情形法院应谨守公正维护者的角色、退避在司法尊重所划出的行政自由空间之外。但当我们将视线落到个案中司法尊重的具体定位时，二者之间产生了明显的分歧。反对者的思路很清晰，他们认为法官"不应仅作为裁判的机械而机械地适用法律，还应当积极进行新的法创造，只有这样，法官的形象才能由黯淡无光变为光辉闪耀"②。因此当面对"尊重"与"干预"两个选项时，只有法院才能作出最权威的独立判断。对于这一阵营的论者而言，司法尊重并非确定不变的，而是可供法院自主抉择的；若法院认可个案中行政机关拥有判断余地，则法院往往会尊重该行政解释，反之，法院将代之以自己的判断。拥护者们则将司法尊重视为法院审理过程中客观存在的一个领域，认为司法尊重标志着司法机关与行政机关之间的客观权力分配。"法院不能因为界限的模糊而回避审查或者过度深入行政权所属领

---

① ［意］莫诺·卡佩莱蒂：《福利国家与接近正义》，刘俊祥等译，法律出版社 2000 年版，第 319 页。

② ［日］加藤一郎：《民法的解释与利益衡量》，梁彗星译，载梁彗星：《民法学说、判例与立法研究（二）》，转引自何海波：《实质法治：寻求行政判决的合法性》，法律出版社 2020 年版，第 265 页。

域，而应当根据不同的情况谨慎地决定审查的强度。"①

　　进一步分析之后可以发现，这两种主张均有可取之处。事实上，两方论者都试图说明法院对于司法尊重"应该"持什么样的态度，但都没有构建起一个明确的法院"执行手册"。从这一点上来说，两个论断均存在捉襟见肘之处。笔者认为，与其过度纠缠于司法尊重的定位，不如暂且承认司法尊重存在的现实意义，而后集中精力构筑司法尊重的规范框架。

二、司法尊重存在的现实原因

（一）行政与司法的职能角色区别

　　司法审查是立法者为监督行政主体所作行政行为而作出的制度设计。② 从功能主义的研究视角观察便可发现，法院与行政机关的职能定位将它们各自推入了不同的角色阵营。如前所述，法院的关注点在于解决纠纷，行政机关则主要关注行政任务的执行与完善。尽管在能动型国家中，法院也需要扮演政策实施型的角色，但较之法院的辅助功能，行政机关在政策裁量过程中对于行政效率与执行弹性的关注从侧面印证了行政机关所发挥的主动作用。从这个意义上说，法院与行政机关之间天然地存在不可调和的矛盾。当我们将视线转向行政诉讼时也可以发现，法院在行政诉讼过程中所展现的形象是消极被动的中立机构，法院所作出的裁决受制于其在审理过程中接收到的信息，在收集信息、认定事

---

　　① 俞祺：《上位法规定不明确之规范性文件的效力判断：基于 66 个典型判例的研究》，载《华东政法大学学报》，2016 年第 2 期，第 175 - 192 页。
　　② 姜明安：《行政法与行政诉讼法》，北京大学出版社、高等教育出版社 2007 年版，第 460 页。

实、预测情势等方面能力有限①。也正是因为这种被动性，法院常常被认为是法律问题的最终解答者。既然如此，或许有论者会提出，法院作为解决法律问题的"专家"，为何仍需对行政机关的法律解释作出尊重选择？一个不得不承认的事实是，为了使法院能够在"制约行政权的任性与恣意"与"为行政权保留一个可以'自由驰骋'的空间"这两个目标之间找到微妙的平衡点，②司法尊重无疑是上佳的选择。进一步而言，此处的"司法尊重"并非单单指法院的全盘退让，而是建立在行政机关首次判断权基础之上的谨慎之举。

为维护良好的社会秩序，行政机关需要一定的自由空间用以行使职权，而这种行政自主性有必要获得司法机关的尊重。③也正因如此，行政机关对于其职权范围内的各类事项，如行使行政权的决定、行使行政权的时间，以及行使行政权的方式等，拥有首次判断权；只有当行政机关完成其首次判断、作出行政行为后，法院才能进行二次审查。④司法尊重的实质是"法院尊重行政机关对行政事务优先判断及处理的权力"⑤。更进一步地说，行政机关的首次判断权展现了其对于特定复杂领域的相对专长，而这类专长恰好是法院所欠缺的。⑥具体而言，行政机关特有的专业能力主要体现为信息收集能力与价值判断能力。

一方面，较之司法的消极被动，行政权的行使过程则更为积极主动。通过与行政相对人的直接接触及其他相关的行政程序，行政机关能够更快速地获取作出行政决定所需的各类信息。毕竟，"法院限于人力、

---

① 黄先雄：《司法谦抑论：以美国司法审查为视角》，法律出版社 2008 年版，第 71－72 页。
② 章剑生：《现代行政法基本理论》（上卷，第 2 版），法律出版社 2014 年版，第 105 页。
③ 马怀德：《行政诉讼原理》，法律出版社 2003 年版，第 7 页。
④ 杨建顺：《行政规制与权利保障》，中国人民大学出版社 2007 年版，第 677 页。
⑤ 江利红：《日本行政诉讼法》，知识产权出版社 2008 年版，第 711 页。
⑥ "法院往往缺乏解释某一问题所必需的专业知识，这在涉及一个复杂的或高度专业性的规制法规时表现得尤为明显。"参见 Russell L. Weaver：*The Undervalued Nonlegislative Rule*，载 *Administrative Law Review*，2002 年第 54 卷，第 871－882 页。

财力以及诉讼时效等方面的原因，不可能对一切事实进行查证"①。并且，行政机关及其工作人员长期从事本职工作所积累的工作经验，增强了行政机关在事实认定方面的优势，因此他们长期经实践推敲和经验积累而获得的解释具有极大的可信性。正如英国学者韦德所言："法官的方法是客观的，遵守着他的法律观念；行政官的方法是经验式的，是权宜之计。"② 因此，对于某些高度复杂或专业化的领域，行政机关具有远高于法院的事实认定能力，对于环境标准、产品质量等技术性强的领域则尤其如此。③ 也正是借助这种信息收集方面的优势，行政机关在专业知识上逐渐累积起了韦伯所称的"卡利斯玛型权威"④，其反过来增强了行政机关首次判断的专业分量。

另一方面，行政解释背后所隐含的行政机关价值判断也是行政专长的影响因素之一。⑤ 行政机关在个案解释过程中，除了收集汇总信息外，还需要结合现有技术与多方专家意见作出价值选择，在风险领域尤其如此。"风险领域的行政规则往往体现了行政机关在考量科学技术知识与多元专家意见之后的价值判断。"⑥ 这类价值选择虽然不直接作用于行政相对人，却贯穿于作出行政决定的整个过程。与此同时，行政机关在解释过程中所作出的价值判断与其政策思维模式紧密相连。有学者创造性地建构起了司法与行政思维方式的理想体系，并指出行政机关通常遵循政策思维行事，注重行政决策的实效；而法院则按照原则思维审理，强

① 伏创宇：《风险规制领域行政规则对司法的拘束力》，载《国家检察官学院学报》，2016 年第 2 期，第 84 –97、174 页。
② [英] 威廉·韦德：《行政法》，楚建译，中国大百科全书出版社 1997 年版，第 51 页。
③ 周汉华：《论行政诉讼中的司法能动性：完善我国行政诉讼制度的理论思考》，载《法学研究》，1993 年第 2 期，第 13 –20 页。
④ 马克斯·韦伯：《支配的类型》，康乐等译，载 [德] 马克斯·韦伯：《韦伯作品集Ⅱ：经济与历史 支配的类型》，广西师范大学出版社 2004 年版，第 303 页。
⑤ 郑春燕：《现代行政中的裁量及其规制》，法律出版社 2015 年版，第 191 页。
⑥ 伏创宇：《风险规制领域行政规则对司法的拘束力》，载《国家检察官学院学报》，2016 年第 3 期，第 84 –97、174 页。

调争议的实现及维护。简言之，"法官就是应该以权利保障为上帝，行政官员就是应该以公共利益为追求"①。这也恰好与前述行政机关与法院的职能角色区别形成呼应。回到行政解释领域中，可以对行政机关的价值判断作这样的理解：在原则思维所构建的体系中，法院格外注重法律解释答案的准确性；而政策思维则驱使行政机关运用价值判断在若干可选方案中进行比较与权衡，选择能在最大程度上实现政策目标的执行方案。出于对个案行政解释的潜在社会效果与社会舆情反应的考虑，法院往往会选择尊重行政机关的价值判断，进而对个案行政解释所展现的行政专长保持谦抑。

（二） 司法职能转变的考虑

当然，如果仅从行政与司法的角色区别及行政相对专长角度论证司法尊重存在的现实原因，未免失之偏颇。事实上，抛开上述因素，现代行政国家大背景下司法的职能转变也是促成司法尊重的因素之一。有学者曾将现代国家比喻为"保姆国家"，指出"到了 1990 年之后，这个保姆已经上了年纪，她的表现已经大不如前。她应该退休了，或是卸下她的部分责任"②。这里的"司法尊重"不单单是表面上的司法屈从于行政，更是一种顺应时势的选择。有鉴于此，法院也需要调整其司法职能，在某些领域中限缩其审查权能，适度尊重行政机关的实体判断。毕竟，"虽然法官必定拥有最后决定权，然而法官的最后判决却不因此而是最佳的决定"③。

---

① 王旭：《行政法解释学研究：基本原理、实践技术与中国问题》，中国法制出版社 2010 年版，第 98 页。

② Stephen Crook，Jan Pakulski，Malcolm Waters：*Postmodernization：Change in Advanced Society*，Sage Publication，1992 年版，第 79 页。

③ ［美］R. 德沃金：《法律帝国》，李常青译，中国大百科全书出版社 1996 年版，第 336 页。

三、现有理论预设的司法尊重理想限度

面对高度复杂化与情境化的现代社会，法院必须为行政机关预留出一定的自主活动空间，即司法干预不能随意逾越这一空间范围的外缘界限。若法院过度干涉行政弹性空间，"不仅会抑制政府效率和及时行动的能力，而且违反人民通过选举、立法与执法机构来实行自治的民主原则"①。同时，司法尊重不等同于司法全盘退让。若法院为避免入侵行政解释的空间领域而放弃对其进行司法审查，则显然违背了司法审查制度设计中所蕴含的控权意图。因此，接下来的任务是如何在既有的法秩序框架下厘定司法尊重的限度。理想的目标是保证司法尊重限度既可以督促法院及时行使其审查职能，又可避免司法过度入侵行政领域。当前关于司法审查界限的研究呈现一种多元化的态势，具体而言，理论分析主要从以下几个角度切入。

（一）以"法律问题－事实问题"区分为限

第一种思路主张以行政机关的解释对象是否属于法律问题来界定司法尊重的适用范围，这也是早期学者研究司法审查理论时所秉承的传统观点。这种观点认为，司法机关是解决法律问题的最后防线，法院有权宣示"法律"是什么；② 而对于事实问题，鉴于行政机关对其所管理的领域更为熟悉、经验更为丰富，行政解释理应获得一定程度的司法尊

---

① 张千帆：《西方宪政体系》（上册），中国政法大学出版社 2000 年版，第 228 页。
② 翁岳生：《法治国家之行政与司法》，月旦出版社 1994 年版，第 334－335 页。

重，法院不得随意替代行政解释中的事实判断。①

然而仔细推敲后会发现，"法律问题 – 事实问题"的区分存在一定的瑕疵。首先面临的问题是，实践中很难将法律问题与事实问题严格区分开来，行政机关在日常管理中所遭遇的大多是混合型问题。同时，有学者指出，从我国行政诉讼制度的实际发展来看，"目前并不具备英美这些国家将法律问题与事实问题区别对待，在行政诉讼中降低对事实问题审查标准的条件"②。

（二）以"合法性问题 – 合理性问题"区分为限

第二种思路是以行政解释的内容是否属于合法性问题来标记司法尊重界限。这一观点在我国行政法学界具有较为广泛的信任基础。我国学界关于行政诉讼的理论研究虽然众说纷纭，但"现行《行政诉讼法》确立了以合法性审查为原则、合理性审查为例外的审查标准"的观点获得了学者们的一致认同。③ 以"合法性问题 – 合理性问题"的区分来决定法院是否应保持尊重的做法无疑与我国理论界这种思维定式相契合。持

---

① 周永坤：《对行政行为司法审查的范围：事实问题——一个比较的研究》，载《法律科学》，1996 年第 5 期，第 9 – 16 页；于绍元、傅国云、陈根芳：《行政诉讼中的事实审与法律审》，载《现代法学》，1999 年第 5 期，第 91 – 94 页；朱新力：《论行政诉讼中的事实问题及其审查》，载《中国法学》，1999 年第 4 期，第 53 – 64 页；徐继敏：《我国行政诉讼全面审查制度再思考：法院对行政机关认定事实的态度分析》，载《现代法学》，2004 年第 6 期，第 93 – 98 页；刘东亮：《行政诉讼中的法律问题和事实问题》，载《浙江学刊》，2006 年第 2 期，第 152 – 158 页。

② 杨伟东：《法院对行政机关事实认定审查的分析比较》，载《法学研究》，1999 年第 6 期，第 64 – 75 页。

③ 姜明安：《行政法与行政诉讼法》（第 6 版），北京大学出版社、高等教育出版社 2015 年版，第 70 页；应松年：《行政诉讼法学》，中国政法大学出版社 1994 年版，第 60 页。此外，也有学者主张，我国《行政诉讼法》确立的司法审查标准实际上是"正确性审查"，这一标准既超越了作为司法审查标准底线的"合法性审查"，也超越了较为严格的"合理性审查"。但该观点只是一家之言，目前处于边缘地位，并未得到足够的重视，学界拥护的主流观点仍是"合法性审查"。参见刘东亮：《行政诉讼目的研究：立法目的和诉讼制度的耦合与差异》，中国法制出版社 2011 年版，第 172 – 173 页。

这一观点的论者们认为，合法性问题不应被归入司法尊重的范畴，法院在审理过程中应把握主动权。具体而言，面对涉及合法性问题的行政解释，法院应审查其是否超越法定的权限抑或违反法定程序。[①] 而且，合理性问题属于行政裁量权的领域，应当划入司法尊重范畴；面对行政解释是否合理的质疑，法院理应保持谦抑，不宜横加干涉。[②] 有学者结合我国司法实践经验提出，对行政解释作合理性评判时可以从以下几方面着手：行政机关在解释过程中是否考虑了相关因素或者没有考虑依法应当考虑的因素；是否符合比例原则；是否存在无正当理由的区别对待；是否遵守了既有的裁量基准或行政惯例等诸多法律准则。[③]

但这一初步的司法尊重界限标准很容易遭受质疑，其中一个致命问题就是合法性与合理性之间的界限越来越模糊。这一现象的产生，既有来自立法机关宽泛立法的助力，也与不成文法源（如法律原则、行政管理、司法判例、法律学说、比较法等）日益增多的趋势息息相关。两种张力相互作用，逐渐造成了合法性审查的范围与合理性审查的"疆域"相交融的局面，甚至合理性问题逐渐被合法性问题所吸收。"合法性与合理性的问题本来是以法律（在我国主要是指立法）是否明确规定来界分的。但是，由于法律渊源的内容和形式都趋于泛化，合法性与合理性区分的界限日益模糊。"[④] 为此，有学者主张，将合理性问题视为合法性问题的自然延伸。这样一来，对于涉及合理性的行政解释，若法院经审

---

① 王欢：《抽象行政行为司法审查制度探析》，载《湖南社会科学》，2011 年第 4 期，第 72 - 74 页。

② 甘文：《行政诉讼法司法解释之评论：理由、观点与问题》，中国法制出版社 2000 年版，第 157 页。

③ 何海波：《论行政行为"明显不当"》，载《法学研究》，2016 年第 3 期，第 70 - 88 页。

④ 何海波：《论行政行为"明显不当"》，载《法学研究》，2016 年第 3 期，第 70 - 88 页。另一种类似的观点是，极度不合理的问题属于合法性审查的范畴，法院也可对其进行全面审查，无须顾忌司法尊重限度问题。参见余凌云：《行政自由裁量论》（第 3 版），中国人民公安大学出版社 2013 年版，第 94 页。

查后认为该行政解释内容合理，"法院仍然可以用自认为正确的解释取而代之"①。也有学者顺势而为，提出了"实质合法性"的概念，并指出"合法－合理"区分所引发的争议本质上是形式合法性与实质合法性的争议。②另外，合法性与合理性之间的区分日益消失反过来压缩了司法尊重在合法性问题上的施展空间。如前所述，面对合法性问题，法院无须顾忌是否保持谦抑姿态，司法审查可以触及各个角落。沿着这一思路不难发现，若将合理性完全纳入合法性的羽翼之下，相当于敞开了行政解释的大门，为司法介入行政解释"疆域"提供了便利。如此一来，不仅容易招致司法恣意的诘问，也违背了法院作为公正维护者的职能要求，更不利于行政诉讼制度的正常运行。对此，有学者指出，应重申"极不合理、极不公正"这一区分界限。"对权重过程是否合理的审查，不太可能撇开裁量结果的公正与否而泛泛谈之或者抽象论之。所以，最好的审查方法还是从裁量的结果着手。只有当结果极不合理、极不公正时，法院才有可能较为客观地断定行政机关在对各个因素的权重上可能存在严重的缺陷，进而为法院的干预打开合法的大门。这样一来，实际上是把所有问题简单化了。更为重要的是，把法院的角色也始终锁定在公正的维护者上，锁定在法院在宪政秩序下始终应该扮演的角色。"③

（三）以"法律问题－政策问题"区分为限

第三种思路将"法律问题－政策问题"作为区分司法尊重限度的标志。美国的"谢弗林案"便是法院根据这一区分来决定其是否应保持尊重姿态的典型例证。如前所述，现代行政国家中的行政管理问题已不再

---

① 李洪雷：《行政法释义学：行政法学理的更新》，中国人民大学出版社 2014 年版，第 378 页。

② 何海波：《实质法治：寻求行政判决的合法性》（第 2 版），法律出版社 2020 年版，第 176－185 页。

③ 余凌云：《行政自由裁量论》（第 3 版），中国人民公安大学出版社 2013 年版，第 94 页。

是以往的单一属性问题，而往往是各种利益因素交织的多中心式复合问题。① 例如，因社会转型所引发的大量纠纷，如因单位职工内退所引发的工资、补贴案件等，同时涉及法律、政策、历史遗留等问题。② 相比较而言，"法律问题－政策问题"区分抛弃了前两类较为静态机械的界定路径，转而从多中心的目标入手，显然更具有灵活性与建构性；由此确定的司法尊重界限所划定的法院介入行政解释的范畴也更适应时代要求。

支持这一思考路径的学者们倾向于将研究重点集中在鉴别该行政解释的内容属于法律问题还是政策问题上。有论者指出，综合考虑"人员构成、政治问责性和运作程序"等因素，③ 行政机关在处理政策问题时较之法院更占优势。支持者们提出，若行政解释内容涉及法律问题，法院可以进行全面审查；而对于涉及政策问题的行政解释，法院可以对其作适当的审查，而非完全尊重。"适度地介入并对行政解释加以审查可以使漫无边际的行政解释权得到一定程度的限制。此时，法院仍应审查行政解释是否合法，并更需法院对行政解释是否合理加以判断，即这些解释要符合法的目的，考量了必要的因素并且较为公正。对于此种解释，法院可以采纳，其他的解释则不予采纳。"④ 这样一来，实质上就是将政策问题的审查转化为合理性判断，将政策问题纳入合理性考量的范畴，再次回到了前述以"合法性－合理性"为界来确定是否给予司法尊

---

① "朗·富勒提出的著名论断是，一定的问题，他称之为多中心问题，就其本质不适宜用裁判的方式加以解决，这些问题涉及利益和因素交织的复杂的网。"参见［英］卡罗尔·哈洛、理查德·罗斯林：《法律与行政》（下卷），杨伟东、李凌波、石红心等译，商务印书馆2004年版，第1097页。

② 黄先雄：《司法谦抑论：以美国司法审查为视角》，法律出版社2008年版，第176页。

③ 李洪雷：《行政法释义学：行政法学理的更新》，中国人民大学出版社2014年版，第378页。

④ 胡敏洁：《专业领域中行政解释的司法审查：以工伤行政案件为例》，载《法学家》，2009年第6期，第126－133、157页。

重的思考模式。从实践角度来看，"合法性－合理性"的审查模式以《行政诉讼法》为依托，兼具理论可行性与实施便利性，但未对多中心问题的复杂性，尤其是政策问题，予以充分的关注。

　　至此，已大致勾勒出了司法尊重理想的范畴。在评价个案中行政权运作是否规范、分析司法与行政权力边界时，应进行综合考虑，避免出现片面的评价，"不应当脱离案件的实质问题和具体场景，更不应当忽视特定的争议所依附的特定化的法律框架"①。为更好地作进一步的探索，需要将这些学者言说中所推演的范式投入实践中进行淬炼及拷问。无独有偶，数年来美国行政法学界也深受这一问题的困扰。建国初期的美国，法院的判例法是主要的法律规范，法院是法律解释无可争议的权威。但19世纪末20世纪初以后，随着工业化和城市化的发展，美国社会发生了巨大变迁，行政国家开始出现。② 与行政权膨胀相伴随的是制定法的大量增加，行政机关开始通过制定政策陈述、新闻通讯稿、行政规定来解释国会制定的法案中存在的模糊之处。多年来，美国的学界专家学者展开了积极探索，试图就行政解释在司法审查中的地位问题作出肯定回答；但均各执一词、莫衷一是。有学者因此发出感慨："对那些研究法院和行政机关的相互关系的人来说，一直最令人困惑的问题之一就是如何确定行政机关和法院在规制法律的解释中的不同角色。"③ 尽管如此，美国作为行政解释司法审查制度的先行者，在过去的数十年间对以"谢弗林尊重"原则④为代表的司法尊重标准展开了充分的探索，已积累了大量案例及细化规则。"即使在那些互相不同的法律文化背景之

---

① 刘燕：《走下"自由裁量权"的神坛：重新解读凯立案及"自由裁量权"之争》，载《中外法学》，2002年第5期，第540－570页。
② 李洪雷：《规制国家中对行政解释的司法审查：以谢弗林判例为中心的考察》，载《规制研究》（第1辑），格致出版社2008年版，第123页。
③ Cynthia R. Farina：*Statutory Interpretation and the Balance of Power in the Administrative State*，载 *Columbia Law Review*，1989年第89卷，第452－528页。
④ 也有学者将其称为"谢弗林遵从"原则。

中，经验也很可能产生出一些类似的解决问题的办法以适合解决某些基本前提相同的问题的需要。"① 这些经验无疑对我国行政解释司法审查制度的建构具有重要的借鉴意义。

第二节　美国分权制衡理论下的政策裁量司法审查

为更好地呈现美国学者对于政策裁量的研究现状及其发展变迁脉络，本节重点以涉及政策裁量的案例判决为研究基点展开分析，探究后谢弗林时代②美国司法尊重姿态的演绎发展与晚近变迁，并将其与我国司法实践中所提炼的审查框架作对比，期冀为我国的司法审查制度建构提供可资借鉴的素材。

一、早期涉及政策裁量的经典案例

长久以来，如何审查行政机关就法律所作的解释是美国法院面临的一大难题：应该对这类行政解释给予多大程度的尊重，何时给予尊重？在"谢弗林案"之前，美国最高法院曾运用多种不同的尊重标准，但一直没有形成体系化的原则，导致这段时期的行政解释司法审查标准普遍是"彼此冲突并不可预测的"③。这一时期，由于美国法院并未建立起明确的尊重原则，而是对个案逐一进行单独判断，因而对行政解释的尊重

---

① ［印］M. P. 赛夫：《德国行政法：普通法的分析》，周伟译，山东人民出版社 2006 年版，"绪言"第 1 页。

② post – Chevron era，意指"谢弗林案"宣判后数年间，美国行政解释司法审查标准的发展状况。

③ Richard J. Pierce Jr.：*Administrative Law*，Foundation Press，2008 年版，第 87 页。

程度时强时弱，差异较大。显然，这样的审理模式不利于保证判决的稳定性与确定性。为此，美国最高法院发展了两类截然不同的审查模式：独立判断模式和司法尊重模式。面对政策裁量问题时，往往倾向于选择后一种模式。美国法院一直承认，在政策裁量问题上，行政机关较之法院拥有优先权，并在若干个早期案例中坚持了这一做法。例如美国最高法院在 1941 年的"Phelps Dodge Corp. v. NLRB 案"① 中就承认，"司法干预不得入侵行政机关裁量权所划定的范围，法院必须保持克制，防止司法权在不自觉的情况下从狭窄的法律问题滑向更广阔的政策领域"②。

另一个典型的案例是 1943 年的"SEC v. Chenery Corp. 案"（Chenery I 案)③。该案涉及新的《公用事业控股公司法》（*Public Utility Holding Company Act*）中的内线交易问题。美国法院认为，如果美国证券交易委员会（United States Scurities and Exchange Commission，SEC）用旧法解决当下的问题，那么 SEC 的决定就是错的。④ 但是事实上，SEC 是试图在国会的授权范围内创建一项新的政策，这样一来就超出了司法的权限范围。综合而言，美国法院的观点可以用两句话来概括：如果行政机关在国会授权范围内作出政策裁量决定，那么法院必须对其予以尊重，因为法院自己作出的决定未必符合国会的意图；但是如果行政机关依据法律进行政策裁量，那么法院在法律问题上具有权威性。⑤ Chenery I 案中，法院最后决定由行政机关重新作出行政决定。SEC 在新的行政解释过程中指出，该案中 SEC 是在制定行政政策而非对法官造法进行解释。⑥ 在

---

① 313 U. S. 177 (1941).

② Id. at 194.

③ 318 U. S. 80 (1943).

④ 318 U. S. 80 (1943). at 94.

⑤ 318 U. S. 80 (1943). at 94.

⑥ Chenery Corp. v. SEC, 154 F. 2d 6, 9 (D. C. Cir. 1946) (recounting SEC justifications for action after Chenery I), rev'd, 332 U. S. 194 (1947).

Chenery II 案①中，美国法院维持了 SEC 的决定，认为 SEC 是在行使其政策裁量权。②

近40年后，美国最高法院在 1981 年的 "FCC v. WNCN Listeners Guild 案"③ 中再次重申了对于政策裁量司法尊重的重要性。在该案中，美国联邦通信委员会（Federal Communications Commission，FCC）发布了一则关于许可续签和转移事项的政策声明。美国联邦通信委员会提出，通过市场力量促进广播娱乐节目的多样性有助于保障公共利益，并认为1934 年的《通信法案》没有规定要对节目形式变更进行监管。当时正值美国"放松监管"运动发展之初，许多人认为放松监管违背了行政机关的法定职责。有个市民团体质疑该规定，认为其违反了《通信法案》（Communications Act）。美国地区法院在审理时认为美国联邦通信委员会的决定涉及法律解释问题，因此美国法院拥有最终决定权。但美国最高法院否定了这一说法，并指出该案主要涉及政策问题，美国联邦通信委员会有权对该问题进行政策裁量，美国法院只能进行有限的审查。④

这一时期，美国法院面对行政机关的政策裁量时往往选择避其锋芒。利文撒尔（Leventhal）法官甚至在 "Niagara Mohawk Power Corp. v. Federal Power Commission 案"⑤ 的判决书中直言："当面对政策问题时，行政机关的裁量权往往扩张至最大范围。"⑥ 数年后，美国第三巡回上诉法院在 "Schnall v. Amboy Nat'l Bank 案" 中重审了这一著名原则，指出"法院不能对行政机关依据授权作出的政策选择进行事后批评"⑦。也正因如此，很多美国法院都纷纷表示对于政策裁量应当仅作有限度的审查。

---

① SEC v. Chenery Corp. (Chenery II), 332 U. S. 194 (1947).
② Id. at 209.
③ 450 U. S. 582 (1981).
④ WNCN Listeners Guild, 450 U. S. at 594.
⑤ 379 F. 2d 153 (D. C. Cir. 1967).
⑥ Id. 379 F. 2d 153 (D. C. Cir. 1967).
⑦ Schnall v. Amboy Nat'l Bank, 279 F. 3d 205, 212 (3d Cir. 2002).

二、政策裁量的正式提出

提及美国的司法审查制度，1984 年的"谢弗林案"① 是无法回避的话题。美国最高法院在该案中提出了著名的"谢弗林两步法"，并引发了此后数年间法学界对于司法尊重问题的讨论。"谢弗林案"也被公认为美国现代行政法史上最重要的案例之一。全球法律在线研究平台 Westlaw 曾于 2017 年 4 月进行了一项调查，调查结果显示，"谢弗林案"已经被 15072 个判决书与 11003 篇期刊论文所引用，并被称为"美国最高法院历史上引用率第三位的案件"②。正是在这个案件中，建立了著名的"谢弗林尊重"原则。

事实上，"谢弗林案"不仅仅对美国行政解释司法审查理论产生了巨大冲击，对政策裁量而言，"谢弗林案"也具有极其重要的意义。

"谢弗林案"的核心问题是应如何理解《清洁空气法》（*Clean Air Act*）中的"固定污染源"（stationary pollution sources）一词。美国环保署（U. S. Environmental Protection Agency，EPA）对此制定了解释性的细化规则，允许各州以"泡泡"概念来确定州内企业的污染设备数量。这样一来，只要排污总量不变，企业可以任意增减各自的排污设备。华盛顿特区巡回上诉法院否定了这种做法。③ 美国最高法院随后表示反对，认为上诉法院采取了静态审查。审理过程中，美国最高法院指出："在审查行政机关对其负责执行的法律的解释时，法院面临两个问题。第一个问题就是国会对这个争议的问题是否作出了直接的规定。如果国会意

---

① Chevron v. Natural Resources Defense Council，467 U. S. 837（1984）．

② Abbe R. Gluck：*Why Health Lawyers must be Public-law Lawyers：Health Law in the Age of the Modern Regulatory State*，载 *Journal of Health Care Law and Policy*，2015 年第 18 卷，第 323 - 346 页。

③ Id. at 842.

图是明确的,事情就到此为止了。如果法院认为国会并未直接规定这个争议的问题,法院还不能简单地给出自己的法律解释。只有在缺少行政解释的情况下,法院才必须给出自己的解释。如果国会已经清楚地留下空间,让行政机关去填补,这就是明确授权行政机关以制定条例的方式阐明法律的具体规定。应当赋予这样的立法性条例以支配性力量,除非它们是武断的、反复无常的或者明显与法律抵触的。有的时候,给行政机关的立法授权是暗示的而非明示的。在此情况下,法院也不能以自己对法律规定的解释,来取代行政官员作出的合理解释。"① 这段经典的论述被称为"谢弗林两步法"。第一步是确定国会是否针对涉诉问题作出了明确的规定。若法院运用传统的法律解释方法探知到了国会对该问题的明确意图,法院须按照国会的意图行事。即若涉诉行政解释与国会意图相一致,则可获得法院的支持;反之,法院须予以拒绝,问题到此结束。但是,倘若法院发现国会的意图是含糊不清的,则此时法院的任务是确定涉诉行政解释的内容是否属于可接受的范围。②

尽管在"谢弗林案"之前,政策裁量问题已经零星地引起学者们的注意,但可以说,"谢弗林案"的出现才将政策裁量的研究推上了新的高峰。"谢弗林案"是第一个真正意义上对政策裁量的内在特殊性进行深入讨论的个案。斯蒂文斯(Stevens)法官在"谢弗林案"的判决中表示:当争议问题集中于行政机关对于特定政策的解读,而非填补法律空白时,法院不能对其提出疑义。因为行政官员是由选民选出的,但法官没有经过选举程序,因此法院必须尊重行政机关的政策决定。政策裁量涉及在数个政策之间作出抉择、对若干存在争议的公共利益进行协调,这并非法院所能完成的任务,宪法将这一责任交给了行政机关。③ 法院

---

① 余凌云:《行政自由裁量论》,中国人民公安大学出版社2013年版,第124页。

② Chevron, 467 U. S. at 842 –43.

③ Chevron, 467 U. S. at 866 (quoting TVA v. Hill, 437 U. S. 153, 195 (1978)).

的功能被限定为"确保行政机关是在法条的基础上作了合理的诠释"①。在这种情况下，行政机关的责任不仅仅是完成法条所要实现的目的，更要实现社会规制方案所要达成的目的。换言之，行政机关必须对若干个相互矛盾的政策作出合理的调整。② 沿着这一思路可以发现，《清洁空气法》内容完整充分、技术性强，是为了充分回应重大社会问题而制定的。③ 这正说明美国国会将这个涉及众多政策的问题交给行政机关解决的原因。④ 法院不是这方面的专家，也不是政府的政治部门，因此无法妥善解决这些政策问题。⑤ 斯蒂文斯法官还认为，政策裁量司法审查不仅展现了法院与行政机关分配政策制定权限的过程，也间接体现了法院与政治部门之间的权力分配格局。

通过对判决文书的解读，可以看到美国最高法院的审理逻辑：如果法条中清楚地展现了国会的意愿，那么行政机关必须遵守国会意图。相反，如果法条本身对于特定问题未作规定或者只作了模糊的规定，那么是行政机关有权进行政策裁量，而非法院。由此可知，美国法院在面对政策裁量时选择了避让姿态。

"谢弗林案"的判决对美国行政法学界产生了深远的影响。同一年的"Deukmejian v. Nuclear Regulatory Commission 案"⑥ 中，数位市民对美国核管理委员会（United States Nuclear Regulatory Commission，NRC）的行政许可决定提起诉讼。华盛顿特区巡回法院认为，美国核管理委员会是在其法定权限内行使职权。⑦ 法院首先审查了美国核管理委员会的

---

① Id. at 843.

② United States v. Shimer, 367 U. S. 374, 383 (1961).

③ 467 U. S. at 848.

④ Id. at 862.

⑤ Id. at 865.

⑥ 751 F. 2d 1287 (D. C. Cir. 1984), aff'd on rehearing sub nom. San Luis Obispo Mothers for Peace v. NRC, 789 F. 2d 26 (D. C. Cir. 1986).

⑦ 751 F. 2d at 1293.

行政决定是否合法，随后讨论了司法在涉及核问题上的权限，并指出，美国最高法院曾经在若干个案件中要求华盛顿特区巡回法院不要干涉有关核能的政策裁量。① 结合这些先例，法院指出，司法不能在审查过程中抢夺行政机关的政策裁量权。② 法院的作用是决定行政机关是否拥有政策裁量权以及个案行政决定是否逾越了该政策裁量权限。因此，法院认为政策裁量权的基础是：民主因素、行政专长、行政过程在这些政策问题上的优势等。

三、"奥尔尊重"原则：政策裁量领域显著扩张

"谢弗林尊重"原则认为，获得美国国会授权的行政机关"往往是法规的最佳解释者"③。在"谢弗林案"中，美国法院基于行政机关的政治可靠性与专业知识认为尊重个案行政解释中的政策裁量具有正当性。随后，美国最高法院在数个案件中再次强调了法院只能对政策裁量作有限度审查。例如，在 1991 年的"Pauley v. Bethenergy Mines, Inc. 案"④ 中，美国最高法院重申了对于政策裁量的有限审查，并指出"如果国会通过明确授权的方式或是在法条中预留解释空间的方式将政策裁量权授予行政机关，那么对于行政机关的政策决定，法院只能进行有限

---

① Id. at 1294. 在"佛蒙特洋基案"中，美国最高法院认为：若行政机关已对政策问题作出了决定，则法院不能对其进行再次审查。随着时间的推移，与发展核能有关的行政决定有可能是错的，但这仍然属于行政机关的职责。参见 Vermont Yankee Nuclear Power Corp. v. Natural Resources Defense Council, Inc., 435 U. S. 519, 558 (1978)。在"佛蒙特洋基案"后的一个案件中，美国最高法院同样组织华盛顿特区巡回法院介入政策问题。法院只能针对行政机关是否遵守法条进行有限的审查。参见 Baltimore Gas & Elec. Co. v. Natural Resources。

② Deukmejian, 751 F. 2d at 1296.

③ Russell L. Weaver, Thomas A. Schweitzer: *Deference to Agency Interpretations of Regulations: a Post-Chevron Assessment*, 载 *Memphis State University Law Review*, 1992 年第 22 卷，第 411 - 452 页。

④ 501 U. S. 680 (1991).

的审查"①。另外，在 1992 年的"Arkansas v. Oklahoma 案"② 中，美国最高法院推翻了第十巡回上诉法院的判决，认为"上诉法院的判决表明法院实质上是在进行政策选择，但这明显超出了上诉法院的职权范围"③。在 1994 年的"ABF Freight System，Inc. v. NLRB 案"中，美国最高法院再次重申了"谢弗林尊重"原则，并指出，若美国国会清楚地授权行政机关进行政策决定，那么法院必须对行政机关的决定予以尊重，除非这一决定是任意的、反复无常的或者明显违法的。④ 此外，还有 1997 年的"Assoc. Fisheries of Me.，Inc. v. Daley 案"⑤、1998 年的"Texas Oil & Gas Ass'n v. EPA 案"⑥ 与"Southwestern Bell Tel. Co. v. FCC 案"⑦、1999 年的"Southwestern Bell Corp. v. FCC 案"⑧ 与"City of Dallas v. FCC 案"⑨、2002 年的"Nat'l Wildlife Fed'n v. EPA 案"⑩ 等，均是例证。通过这些案件，美国法院逐渐巩固了最高法院在"谢弗林案"中提出的论断，即：政策问题应留待行政机关解决，而非法院力所能及的事；法院应当对行政机关在科学领域运用专业技术作出的政策决定予以尊重。

政策裁量的司法尊重浪潮在 1997 年的"奥尔案"⑪ 中达到了顶峰。"奥尔案"是一起关于警察起诉当地警局要求支付加班费的案件。1938

---

① 501 U. S. 680（1991）. at 696.

② 503 U. S. 91（1992）.

③ 503 U. S. 91（1992）. at 113.

④ ABF Freight System，Inc. v. NLRB，510 U. S. 317，324（1994）（quoting Chevron，467 U. S. at 844）.

⑤ 127 F. 3d 104，109（1st Cir. 1997）.

⑥ 161 F. 3d 1044，1049（5th Cir. 1998）.

⑦ 153 F. 3d 597，604（8th Cir. 1998）.

⑧ Bell South Corp. v. FCC，162 F. 3d 1215，1221（D. C. Cir. 1999）.

⑨ 165 F. 3d 341，355（5th Cir. 1999）.

⑩ Nat'l Wildlife Fed'n v. EPA，286 F. 3d 554，560（D. C. Cir. 2002）.

⑪ Auer v. Robbins，519 U. S. 452（1997）.

年罗斯福政府颁布的《公平劳动标准法》（*Fair Labor Standards Act*，FL-SA）第 13 条第 1 款第 1 项规定，"以真正行政、管理或专业人员资格受雇的任何雇员"不受该法第 6 条、第 7 条规定的最低工资标准及最长劳动时间的约束。① 该案中，圣路易斯市的部分警员认为自己应按照最低工资标准获得加班补贴。而警察局辩称，原告作为警察，属于"真正的行政人员"，因此不属于最低工资标准保护的对象，无法获得补贴。此前，劳动部部长已根据该法案的授权颁布了一系列规则，规则中对免于适用的范围作了界定。随后，应法院的要求，劳动部部长又提交了一份意见书（amicus brief）。意见书对法案中的模糊之处作了解释，认为警察属于免于适用的范畴。法院审理认为，加班费属于劳动部部长的政策裁量范围，其作出的解释是可接受的，对这一问题具有决定性的解释效力，依据"谢弗林尊重"原则理应得到司法尊重。

然而，"奥尔案"的特殊之处在于该案中法院特意要求第三方当事人出具意见书。在早期的判例中，法院通常无视简短的诉讼意见中提出的行政解释。② 悖反的是，在"奥尔案"中法院认为劳动部部长的陈述理应获得尊重，尽管该陈述理由并非经由正式的规则制定程序作出，但"法院没有理由怀疑这一解释无法反映行政机关的公正、周全的判断"。在"奥尔案"中，法院确立了"奥尔尊重"原则，也称为"超级尊重"

---

① "The provisions of sections 206 (except subsection (d) in the case of paragraph (1) of this subsection) and 207 of this title shall not apply with respect to— (1) any employee employed in a bona fide executive, administrative, or professional capacity (including any employee employed in the capacity of academic administrative personnel or teacher in elementary or secondary schools)." 参见 29 U. S. C. § 213 (a) (1)。

② 例如在 1988 年的"Bowen v. Georgetown University Hospital 案"与 1991 年的"Gregory v. Ashcroft 案"中，美国法院对于以诉讼意见形式出具的行政解释给予了较低程度的尊重。参见 Bowen v. Georgetown University Hospital, 488 U. S. 204 (1988); Gregory v. Ashcroft, 501 U. S. 452, 485 n. 3 (1991)。

原则。① 但是，从前面章节论述可知，"奥尔案"是特例，且无法与法院当时的尊重体系相协调。学界将"奥尔尊重"原则称为"谢弗林尊重"原则的"姊妹原则"。毕竟，"奥尔尊重"原则适用于管理条例，"谢弗林尊重"原则适用于成文法典，两者在本质上是相同的。

在若干个之后的案例中，当涉及行政机关解释自己制定的规则时，美国法院都在尝试适用"奥尔尊重"原则来审理。② 尽管如此，"奥尔尊重"原则仍然引起了巨大的争议。一方面，"奥尔尊重"原则无法与美国的《行政程序法》（*Administrative Procedures Act*，APA）第 10 条第 2 款衔接。该条款要求法院审查所有法律问题，并对包含行政规则在内的行政行为作出解释。③ 另一方面，"奥尔尊重"原则也遭到了法官们的猛烈抨击。斯卡利亚法官和托马斯法官均认为对于属于行政自制规范的行政解释，给予司法尊重缺少历史依据；他们甚至认为，适用"奥尔尊重"原则的做法等于将司法权转移给了行政机关，削弱了法院对其他机关进行司法监管的职能。毕竟，司法职能的原始意涵是指法院独立阐释法律。④ 要求法院撤销"奥尔尊重"原则的呼声逐渐增强，以斯特劳斯教授为代表的部分学者认为，由行政机关解释规定中的歧义会引发诸多问题。⑤ 反对者们的不懈努力逐渐有了回报，尽管在"奥尔案"中美国最高法院给予行政解释的司法尊重达到最大程度，但三年后，美国最高

---

① Scott H. Angstreich：*Shoring up Chevron：a Defense of Seminole Rock Deference to Agency Regulatory Interpretations*，载 *U. C. Davis Law Review*，2000 年第 34 卷，第 49 - 150 页。）. 有学者将此称为"奥尔尊重"原则。参见 Christopher J. Walker：*Attacking Auer and Chevron Deference：a Literature Review*，载 *The Georgetown Journal of Law & Public Policy*，2018 年第 16 卷，第 103 - 122 页。

② Coeur Alaska, Inc. v. Se. Alaska Conservation Council, 129 S. Ct. 2458, 2468（2009）; Long Island Care at Home, Ltd. v. Coke, 551 U. S. 158, 171（2007）.

③ 就行政规则解释的司法尊重标准而言，法院的做法与 APA 不相符。

④ Perez v. Mortg. Bankers Ass'n, 135 S. Ct. 1199, 1212（2015）（Scalia, J., concurring in the judgment）; Id. at 1213（Thomas, J., concurring in the judgment）.

⑤ Peter L. Strauss：*Within Marbury：the Importance of Judicial Limits on the Executive's Power to Say What the Law Is*，载 *Yale Law Journal Pocket Part*，2006 年第 116 卷，第 59 - 69 页。

法院开始逐渐回归到"谢弗林尊重"原则之前的多因素原则，并重申了法院在法规解释与政策裁量中的角色功能。[1]

四、"米德难题"：法院开始收缩政策裁量范围

从2000年起，美国最高法院开始有意识地在若干案例中收缩司法尊重政策裁量的频率与范围。一个明显的限缩信号是，美国最高法院连续三年在三个案例的判决中讨论非正式行政解释是否应包含在"谢弗林尊重"原则的适用领域之内，即"克里斯滕森案"[2]、"米德案"[3]与"沃尔顿案"[4]。这三个案例也被美国行政法学界称为"米德难题"（Mead-puzzle）。一般而言，非正式行政解释是指非立法性规则以及经由非正式程序而作出的行政裁决。[5]"米德难题"的出现为学者们讨论政策裁量司法尊重原则提供了新的契机。下面以几个典型案例为基础，进行分析解读。

（一）"克里斯滕森案"：造就简易的适用规则

从政策裁量司法审查发展之初到现在，尽管美国最高法院始终坚持对政策裁量予以司法尊重，但并未针对具体的步骤和方法进行总结。例如，在与"克里斯滕森案"同一年作出判决的"Gonzalez v. Reno案"[6]

---

① J. Lyn Entrikin Goering：*The Tailoring Deference to Variety with a Wink and a Nod to Chevron：the Roberts Court and the Amorphous Doctrine of Judicial Review of Agency Interpretations of Law*，载 *Journa of Legislation*，2016 年第 36 卷，第 18－90 页。

② Christensen v. Harris County, 529 U. S. 576 (2000).

③ United States v. Mead Corp. , 533 U. S. 218 (2001).

④ Barnhart v. Walton, 535 U. S. 212 (2002).

⑤ Kent Barnett, Christopher J. Walker：*Chevron in the Circuit Courts*，载 *Michigan Law Review*，2017 年第 116 卷，第 1－73 页。

⑥ 212 F. 3d 1338 (11th Cir. 2000), cert. denied, 530 U. S. 1270 (2000).

中，第十一巡回上诉法院在判决理由中指出，面对行政机关在授权范围内作出的政策裁量，法院只能进行有限的审查。法院在审理过程中重点关注政策裁量决定是否与美国国会制定的法定方案一致。换言之，法院必须确定行政机关在政策裁量过程中是否遵循了相应的程序要求、政策裁量决定的内容是否恣意。但必须明确的是，法院不能对政策裁量内容所涉及的实质判断进行复查。①

这一混沌局面在"克里斯滕森案"中得到了改善。该案的争议问题集中于哈里斯县政府能否要求案中的 127 位警长强制休假以避免支付加班工资。与"奥尔案"相似，问题的关键在于对《公平劳动标准法》中特定条款的解释。《公平劳动标准法》明确规定，允许州和县的雇主以时间补偿的方式代替本应支付给雇员的加班工资。② 然而，该法令并未就"雇主能否强制雇员用尽补偿时间以免于支付加班工资"的问题作出规定。为此，哈里斯县写信向美国劳动部工资和工时部门询问：是否需要安排员工休假以减少相应的加班补偿？应其要求，劳动部单独向哈里斯县发送了一封意见信（opinion letter），信中提出，政府雇主不应强迫雇员选择时间补偿以取代金钱补偿。不同于"奥尔案"中劳动部部长对原告诉讼请求的强烈反对，在"克里斯滕森案"中劳动部支持原告的申请，认为原告不应被强制休假。

但最终，美国最高法院拒绝对该意见信按"谢弗林尊重"原则给予司法尊重。法院经审理认为，"克里斯滕森案"与"奥尔案"存在本质区别，因为本案中有关补偿时间的规定是"语义宽泛的"（plainly permissive），而"奥尔案"中的涉案规定是"模糊的、有歧义的"（ambiguous）。对此，托马斯法官在撰写多数意见（majority opinion）时专门指出："现在我们面对的是以意见信形式出具的行政解释。而这一意见信

---

① Id. 212 F. 3d 1338 （11th Cir. 2000），cert. denied，530 U. S. 1270 （2000）.
② 29 U. S. C. § 207 （2006）.

并非以正式裁决形式或通过通知与评论程序颁布的。这类解释，如政策陈述、行政手册、实施指导等，均欠缺法律效力，不应适用"谢弗林尊重"原则；并且只有当法规语言模糊不清时才允许适用"奥尔尊重"原则。但在本案中，法规语言并不模糊，只是含义较为宽泛。此时若允许行政机关作出解释，则无异于准许行政机关以解释法规的名义，在事实上创造新的法规。"① 从托马斯法官的判决理论中可以探知，此案中法院认为《公平劳动标准法》对于"补偿时间"的规定是语义明确的；尽管这一明确的法条用语可以进行多重解读，但不能因此认定该条款是语义模糊的。因此，法院强调，因法规已明确规定允许哈里斯县强迫原告们用尽补偿时间，以避免支付加班工资，故而劳动部的解释无法成立。

可见，在"克里斯滕森案"中，美国法院确立了一个清晰的规则：通过 APA 所规定的正式程序或是"通知－评论"程序所制定的行政解释具有法律效力，可以适用"谢弗林尊重"原则。相反，欠缺法律效力的非正式性解释，如意见信、政策陈述、行政手册、执行指南等，不适用"谢弗林尊重"原则，但可以适用"斯基德莫尊重"原则。② 因此，"克里斯滕森案"发生之后，若美国法院经审理发现个案行政解释中的行政机关依据非正式性的政策文件作出政策裁量，则通常不会尊重该政策裁量结果。

至于正式的规则制定程序为何如此重要，学界众说纷纭。其中，"拟制授权理论"（legal fiction）颇受欢迎。该理论认为，行政机关可以通过正式程序将美国国会的授权意图嵌入其所作出的行政解释中。具体而言，"通知－评论"程序与正式行政裁决程序都为行政相对人提供了听证机会，使行政相对人可以在行政决定作出前获知行政机关所提供的

---

① Christensen, 529 U. S. 576, 588 (2000).
② Id. at 587.

行为理由说明，因此有助于保证行政决定的公平性与正当性。① 这一"正式程序"迫使行政机关在作出行政解释前进行抉择：若选择简便的非正式行政解释，则该行政解释很有可能无法获得按"谢弗林尊重"原则获得司法尊重，甚至该行政解释很有可能会被法院推翻；若选择经由正式程序作出行政解释，过程将较为烦琐，如需要在规定期限内进行通知公告、组织相对人进行听证、为相对人提供理由说明等，但该行政解释获得司法尊重的概率将大大提升。②

（二）"布朗·威廉姆森烟草公司案"：改变政策裁量只能以新代旧

在政策裁量过程中，行政机关不能改变法条文本的原意，但可以改变政策裁量的结果。行政机关如果想改变先前的政策裁量结果，必须承认自己之前的理解是错误的。就这一点而言，2000 年的"布朗·威廉姆森烟草公司案"③ 较好地呈现了行政机关改变政策裁量结果的必要条件。在 1996 年之前的很长一段时间内，烟草不在美国食品药品监督管理局（Food and Drug Administration，FDA）的监管范围内，原因是当时业内人士普遍认为根据法律规定，FDA 无权对烟草进行管控。FDA 在过去几十年中也一直认为其无权对烟草进行监管。而到了 1996 年，鉴于烟草行业的蓬勃发展，FDA 开始涉足烟草领域。此时，FDA 面临的一个关键问题是如何证明先前数代人的政策裁量结论是错误的。"布朗·威廉姆森烟草案"中，FDA 承认过去作了错误的政策裁量，试图将"烟草"纳入"药品与设备"（drugs and devices）的范畴，以此来拓宽自身的管辖

---

① Cass R. Sunstein：*Chevron Step Zero*，载 *Virginia Law Review*，2006 年第 92 卷，第 187 - 249 页。

② Id. at 225 - 26.

③ FDA v. Brown & Williamson Tobacco Corp.，529 U. S. 120（2000）.

范围。美国法院拒绝了对 FDA 的解释予以司法尊重，理由是长久以来美国国会从未通过明确的授权指示 FDA 对烟草进行规制。法院继而提出，"我们有理由相信，国会不会通过如此隐秘的方式来授权 FDA 对这类具有重要经济与政治意义的事项进行管制"①②。该案主审法官奥康纳法官（Justice O'Connor）在判决书中用较大篇幅提及了 FDA 缺少烟草监管权的历史。烟草在美国具有特殊的历史和政治意义。一直以来，美国国会的做法都是单独设立一项烟草监管制度，将 FDA 排除在烟草监管的范围之外。③ 然而，美国法院也开始意识到行政机关需要较大的灵活空间来处理烟草问题，指出行政机关的职权范围并不是一成不变的。④ 案件判决随后提到了若干先例，并提出"行政机关必须有足够的自由度来调整其规则和政策以适应环境变化的需求"⑤。但令人遗憾的是，美国法院在审理过程中发现 FDA 并非在通过调整政策决定来适应环境变化，而是在改变其数年来对于法条含义的解读。有四位法官对此表达了异议，认为 FDA 并非在改变法律解释，而是基于客观变化改变行政政策。⑥ 其中布雷耶法官提出，法条的文本语言和立法目的与判决的多数意见相冲突。⑦ 考虑到美国国会授权的宽泛性，若出现了新信息或是政治变动，行政机关理应可以对其政策作出改变。⑧

相反，行政机关如果想改变自己原先的政策裁量，只需要说明现有环境的变化、出现的新信息等内容。例如，在 1997 年的 "British Steel

---

① Id. at 160.
② FDA v. Brown & Williamson Tobacco Corp., 529 U. S. 120 (2000).
③ Id. at 146, 157, 161.
④ Id. at 157.
⑤ Id. (quoting Motor Vehicle Mfrs. Ass'n of United States, Inc. v. State Farm Mut. Auto. Ins. Co., 463 U. S. 29 (1983)).
⑥ 529 U. S. 120 (2000).
⑦ Brown & Williamson, 529 U. S. at 162-163 (Breyer, J., dissenting).
⑧ Id. at 188 (Breyer, J., dissenting).

PLC v. United States 案"中，美国法院判决指出："只要行政机关在作出政策改变时提供了正当的理由，那么新的政策裁量具有与旧政策裁量相等的效力。"①

（三）"米德案"：开启双重尊重标准并存模式

初看，"克里斯滕森案"所确立的规则简单明了，大大提高了法院解决问题的效率。但这个看似清晰的规则一年后在"米德案"中遭到法院的质疑。

"米德案"的焦点问题在于美国海关总署（United States Customs Service, USCS）将米德公司进口的日计划本（daily planner）归为关税类别中的"日记类"而非"其他类"的裁决（ruling letters）是否正确。若是按照"克里斯滕森案"所确立的规则，"米德案"中的行政裁决不具有法律效力，因此无法适用"谢弗林尊重"原则。但是美国法院并未作出这样的判断，反而另辟蹊径，指出行政机关作出政策裁量所采取的程序并非决定性因素。② 之后，法院在判决理由中列出了"谢弗林尊重"原则适用的两个前提性要求：其一，美国国会已授权行政机关作出具有法律效力的解释；其二，涉案行政解释是行政机关运用这一授权而作出的。③ 而这也正是"谢弗林第零步"所关涉的两个核心问题。因此，美国最高法院认为"谢弗林尊重"原则适用于运用"通知 – 评论"程序而作出的行政解释，其他的解释则可以适用"斯基德莫尊重"原则；由于涉诉行政解释并非经由"通知 – 评论"程序所颁布，不具有法律效力，因此无法通过适用"谢弗林尊重"原则获得司法尊重。尽管如此，依据

---

① British Steel PLC v. United States, 127 F. 3d 1471, 1475（Fed. Cir. 1997）.

② Mead, 533 U. S. 218, 226 – 227（2001）.

③ Steven Croley, Richard Murphy：*The Applicability of the Chevron Doctrine*："*Chevron Step Zero*", in *a Guide to Judicial and Political Review of Federal Agencies* 65, at 101, 107.

"斯基德莫尊重"原则，美国海关总署的解释具有合理性，仍应被视为是有说服力的。

至此，似乎可以从"米德案"中得出这样的结论：政策裁量的法律效力取决于行政解释是否经由正式程序作出。[①] 但这个论断也并非全然准确。例如，在"米德案"中法院曾强调："有时，尽管涉诉行政解释并非经由正式程序作出，我们也可以对该行政解释给予司法尊重。"[②] 例如，在一个类似案例中，涉诉行政解释同样是以意见信的形式所颁布的，美国最高法院经审理后认为该行政解释可以适用"谢弗林尊重"原则获得司法尊重。[③] 综合而言，尽管"正式的规则制定程序"对于是否能适用"谢弗林尊重"原则获得司法尊重是一个重要的考虑因素，但并非决定性理由。退一步讲，若美国国会授权行政机关通过正式程序制定规则及文件，且行政机关经由该正式程序作出了一个行政解释，则该行政解释理应适用"谢弗林尊重"原则获得司法尊重。[④]

"米德案"对于长久以来存在的司法尊重问题具有重要的意义，该案件的判决不仅是迄今美国最高法院对"谢弗林尊重"原则的适用范围与性质的最重要说明，同时也是"美国最高法院就处理行政行为司法审查问题作出的最重大判决之一"（斯卡利亚大法官语）[⑤]。鉴于"谢弗林尊重"原则导致法院过分"臣服"于行政机关灵活性和独立性的要求，"米德案"中，美国最高法院将美国海关总署的裁决视为与"政策陈述、行政手册、实施指南"相类似的行政解释，认为其欠缺法律效力，超越

---

① Mead, 533 U. S. 218, 230 (2001).

② Id. at 230 – 31.

③ Nations Bank of N. C. v. Variable Annuity Life Ins. Co., 513 U. S. 251, 263 – 264 (1995).

④ Cass R. Sunstein: *Chevron Step Zero*, 载 *Virginia Law Review*, 2006 年第 92 卷，第 187 – 249 页。

⑤ 杨伟东：《行政行为司法审查强度研究：行政审判权纵向范围分析》，中国人民大学出版社 2003 年版，第 87 页。

了"谢弗林尊重"原则的适用范围，故拒绝对该原则进行拓展适用。这一举措实质上是对行政机关的法规制定权的进一步限缩。另一个尤为引人注目的创新点在于，"米德案"中，法院唤醒了蛰伏多年的"斯基德莫尊重"原则，从而创设了"谢弗林尊重"原则和"斯基德莫尊重"原则并存的双重尊重标准。如果说"谢弗林案"是美国最高法院对于"法院与行政机关之间谁决定法律是什么"的问题所作出的回答，"米德案"则确认了只有美国国会能确定"谁能作出权威性的解释"。因此，当美国国会希冀由行政机关而非法院来解释法条时，法院应尊重行政解释，除非该行政解释违宪或者违背了国会的指令。

结合"奥尔案""克里斯滕森案"和"米德案"可知，"谢弗林尊重"原则适用于经由"通知－评论"程序发布的行政解释，或是通过其他正式程序发布的、具有法律效力的行政解释。若经由"谢弗林第零步"测试后，该行政解释无法适用"谢弗林尊重"原则，则该行政解释仍有机会适用"斯基德莫尊重"原则。在这一时期，美国法院创设了一个全新的司法尊重体系。在这一新框架之下，美国法院对待行政机关的法律解释，不再是"全有或全无"的状态，而是可能出现三种结果："第一，适用"谢弗林尊重"原则，法院接受行政机关对模糊法条的合理解释；第二，适用"斯基德莫尊重"原则，法院在综合考虑行政机关解释所涉及的各种因素后，对具有说服力的解释予以尊重；第三，无尊重，法院在进行独立审查判断后，不接受行政机关的解释。"[1] 不同于"谢弗林尊重"原则的强尊重，适用"斯基德莫尊重"原则通常很少得

---

[1] Thomas W. Merrill：*The Mead Doctrine：Rules and Standards，Meta-Rules and Meta-Standards*，载 *Administrative Law Review*，2002 年第 54 卷，第 807－834 页。

出司法认可行政解释的结论，而只是保证法院将行政解释纳入考量范畴。① 美国法院会在多大程度上考虑行政解释取决于一系列要素，部分要素有时会与"谢弗林尊重"原则中的元素相重叠。

关于"谢弗林尊重"原则与"斯基德莫尊重"原则之间的界定，斯特劳斯教授的意见值得参考。他认为，可以将"谢弗林尊重"原则理解为法院为行政机关提供了一个有界限的空间，在这个空间内，行政机关可以自由地解释法律。若行政机关出于政策变动等原因对其解释内容作了变动，法院不能以变动为由横加干涉。与之相反，"斯基德莫尊重"原则仅仅是为审理过程中的行政解释增加了砝码。至于该行政解释到底在法院判决中占有多大的分量，取决于该行政解释的具体内容。②

"克拉克马斯案"③ 是这一时期美国法院在两类尊重原则之间进行权衡的有力证明。在该案中，法院运用了"米德/斯基德莫浮动标准"（Mead/Skidmore sliding-scale standard）。一个档案管理人员声称，公司因她身患残疾而将她开除。案件的争议焦点在于持股董事能否依据《美国残疾人保护法》（*Americans with Disabilities Act*，ADA）被视为"雇员"。该法案中，将雇员定义为"受雇于雇主的个人"，由于这一定义过于宽泛，法院转而在以往涉及类似问题的判决先例中寻找答案。④ 一方面，法院认为，国会对此未作明确规定，表明国会期待法院对这一文本缺陷

---

① 例如，在 2002 年的"Wis. Dep't of Health & Family Servs. v. Blumer 案"中，美国法院认为："意见信、政策陈述等均应获得一定分量的考虑。"例如参见 Wis. Dep't of Health & Family Servs. v. Blumer, 534 U. S. 473, 496 – 497（2002）。在 2004 年的"Raymond B. Yates, M. D. , P. C. , v. Hendon 案"中，美国法院提到："依据'斯基德莫尊重'原则，咨询意见理应得到相当程度的考虑。"参见 Raymond B. Yates, M. D. , P. C. , v. Hendon, 541 U. S. 1, 18, 20 – 21（2004）。

② Peter L. Strauss："*Deference" Is too Confusing, Let's Call Them "Chevron Space" and Skidmore Weight"*，载 *Columbia Law Review*，2012 年第 112 卷，第 1143 – 1173 页。

③ Clackamas Gastroenterology Associates, P. C. v. Wells, 538 U. S. 440（2003）.

④ 例如，法院在审理过程中援引了"Nationwide Mut. Ins. Co. v. Darden 案"，参见 Nationwide Mut. Ins. Co. v. Darden, 503 U. S. , 318, 322 – 323（1992）。

进行解释。另一方面，法院也将美国平等就业机会委员会（Equal Employment Opportunity Commission，EEOC）制定的解释性指引纳入考量范畴。由于美国平等就业机会委员会依据 ADA 及其他法规获得了特殊的实施责任，法院遂转向了"斯基德莫尊重"原则。法院认为，美国平等就业机会委员会的指南是具有说服力的，并最终认可了其对雇员的定义。

（四）"沃尔顿案"：对"米德"模式的细化

"克里斯滕森案"与"米德案"仅仅反映了美国司法尊重体系框架变迁中的冰山一角。在"米德案"宣判一年后，美国最高法院在"沃尔顿案"中适用了经"米德案"审理调整后的"谢弗林尊重"原则。

"沃尔顿案"涉及依据美国《社会保障法》（*Social Security Act*）申请残疾福利的问题。针对法案中提到的"十二个月"是仅仅针对受损伤的时间，还是包括"不能从事任何实质性营利活动"的时间，相关法规并未作出明确规定。本案中原告因精神障碍失业，一个月后找到了另一份工作，行政机关据此驳回了原告的残疾福利申请。原告辩称，尽管自己在十二个月内重新获得工作，但受损伤的时间已超出了法案规定的期限。但行政机关认为十二个月应包含受损伤后无法工作的时间，而不仅仅是受伤的时间。

起初，美国法院援引了"奥尔案"的判决来证明行政机关对本机构的规则进行解释的正当性。后来因该规则是通过"通知－评论"程序制定的，法院遂在分析过程中适用了"谢弗林两步法"。"因此，我们必须决定：（1）法案是否明确禁止行政机关作出解释；（2）若未禁止，则该解释是否超越了可允许的界限。"[1] 法院的两步法分析表明，要求对行政解

---

[1] Barnhart v. Walton, 535 U. S. 218（2002）.

释进行司法审查的那方当事人应承担说服责任。法院经审理认为，涉诉政策裁量可以据"谢弗林尊重"原则获得司法尊重。理由是该政策裁量结论内含几个特殊属性，包括涉诉法律问题的本质属于填补法律空隙（interstitial）、该问题涉及行政机关的专长、该问题对于整部法律的实施具有重要意义、整部法律的实施是一个复杂的过程、涉案行政机关对该问题已进行了长期的深思熟虑等内容。① 这些特质已经满足"谢弗林第零步"的两方面要求。其中，涉案行政机关对该问题的长期深思熟虑满足了程序性要求，其余几项则满足了实质性要求。② 因此，涉诉政策裁量是合法且合理的。

事实上，"沃尔顿案"除了证明经由"米德案"审理调整后"谢弗林尊重"原则备受欢迎，也对"谢弗林第零步"的两方面要求进行了细节填充。回顾前文所提及的"谢弗林第零步"中的程序性要求与实体性要求，似乎无法从学者的论述中找到更多的细节性内容。"沃尔顿案"判决中法院所列举的五方面特质描绘了具体而详尽的细节，有助于增进我们对"谢弗林第零步"的理解。

（五）"伯韦尔案"：政策裁量无法获得司法尊重

如前所述，在"谢弗林尊重"原则确立之初，部分学者与法官认为该原则违背了美国宪法所建立的基础性权力框架。几十年之后，美国最高法院中只有两位法官（托马斯法官与戈萨奇法官）仍坚持这一观点。在任职于美国第十巡回上诉法院期间，戈萨奇法官曾在一系列案件中对"谢弗林尊重"原则提出猛烈的抨击，理由是该原则严重违背权力分立原则，实质上扩大了行政机关的司法权与立法权。戈萨奇法官指出，面

---

① Barnhart v. Walton，535 U. S. 222（2022）.
② Barnhart v. Walton，535 U. S. 222（2022）.

对权力庞大的行政机关，法院应当限缩司法尊重的适用领域，而非扩张。① 此外，也有几位法官认为"谢弗林尊重"原则虽然没有违宪，但应对其适用范围进行限制。② 更多的法官则认为应当摒弃"奥尔尊重"原则，即放弃司法对于涉及行政自制条例的行政解释内容的尊重。③ 理由是"奥尔尊重"原则违背了三权分立所确立的基本原则之一，即立法者不能依据自己所创制的条文对自身的违法行为作出判决。④

不同于戈萨奇法官的激进态度，大多数法官选择采用一种较为温和的方式对"谢弗林尊重"原则表示反对。例如，美国法院也曾委婉地以多种理由拒绝适用"谢弗林尊重"原则，包括行政解释与法条的普通文义不符⑤、行政解释的内容发生了改变⑥以及行政机关没有遵守相应的程序规定⑦。在这些案件中，"伯韦尔案"⑧较为全面地展示了美国最高法院法官对于"谢弗林尊重"原则的最新姿态。"伯韦尔案"中的争议问

---

① Gutierrez-Brizuela v. Lynch, 834 F. 3d 1142, 1149, 1152, 1155 (10th Cir. 2016) (Gorsuch, J., concurring); Caring Hearts Pers. Home Servs., Inc. v. Burwell, 824 F. 3d 968, 969 (10th Cir. 2016); De Niz Robles v. Lynch, 803 F. 3d 1165, 1171 (10th Cir. 2015).

② Michigan v. EPA, 135 S. Ct. 2699, 2713 (2015) (Thomas, J., concurring); Gutierrez-Brizuela v. Lynch, 834 F. 3d 1142 (2016) (Gorsuch, J., concurring).

③ 托马斯法官与阿利托法官指出，"奥尔尊重"原则的提出欠缺考虑。参见 Perez v. Mortg. Bankers Ass'n, 135 S. Ct. 1199, 1225 (2015) (Thomas, J., concurring in the judgment); Id. at 1210 (Alito, J., concurring in part and concurring in the judgment).

④ Id. at 1216 – 1221.

⑤ 例如，在"Waterkeeper All. v. EPA 案"中，布朗法官强调了"谢弗林第一步"的重要性。参见 Waterkeeper All. v. EPA, 853 F. 3d 527, 539 (D. C. Cir. 2017) (Brown, J., concurring)。又如，在"Michigan v. EPA 案"中，法院以行政解释未通过"谢弗林第二步"为由拒绝予以尊重。参见 Michigan v. EPA, 135 S. Ct. 2699, 2706 – 2707 (2015)。

⑥ 例如，在"Encino Motorcars, LLC v. Navarro 案"中，审理法院发现行政机关擅自改变了行政解释的内容但并未对此变化作出充分的说明，由此认定该行政机关违背了 APA 第 706 条第 2 款第 1 项。参见 Encino Motorcars, LLC v. Navarro, 136 S. Ct. 2117, 2125 – 2126 (2016)。同样的情形，可见 Perez v. Mortg. Bankers Ass'n, 135 S. Ct. 1199, 1209 (2015)。

⑦ 例如，在"Texas v. United States 案"中，法院在审理时发现行政机关在制定一份指导性文件时没有按照规定经由"通知-评论"程序作出。参见 Texas v. United States, 809 F. 3d at 170 – 178。

⑧ King v. Burwell, 135 S. Ct. 2480 (2015).

题涉及美国《平价医疗法案》①（*Affordable Care Act*，ACA）的理解。

ACA 要求各州分别设立一个医疗保险交易所作为当地医疗保险市场的管理机构。若某个州拒绝设立交易所，则由联邦政府代为设立（通常由卫生和福利部设立）。② 为激发市民购买医疗保险的积极性，ACA 规定，若市民在州政府所设立的交易所中购买保险，则该市民可以获得一定数额的税收津贴。③ 美国国内收入署（Internal Revenue Service，IRS）随后出台了一项规定：市民获得税收津贴的医疗保险交易所既可以由州政府设立并运营，也可以由联邦政府设立。④ 本案的核心争议正是来源于此：若州政府拒绝设立医疗保险交易所，则居民通过联邦医疗保险交易所购买医疗保险时能否享受 ACA 中的税收津贴?⑤

本案原告是 4 个弗吉尼亚州的居民。原告指出，弗吉尼亚州已经设立了联邦医疗保险交易所，其不属于 ACA 所规定的"由州政府设立的交易所"，因此他们无法享受税收津贴。而一旦缺少这部分补贴，原告购买保险的费用将会比获得补贴后的费用高出个人所得的 8%。这样一

---

① 通常也被称为"奥巴马医疗法案"。ACA 是由美国前总统奥巴马在 2010 年签署的一部联邦法，其主要目的是由美国政府主导、增加美国人民的医疗保险覆盖率以及降低美国的医疗费用。根据 ACA，美国联邦政府和州政府将建立政府医疗保险市场，允许个人和小企业在此为个人、家庭和企业员工购买医疗保险，将 3000 万名没有医保的美国公民纳入了医保覆盖范围。该法案的施行会增加国家医疗开支，同时减少联邦医保开支。ACA 是奥巴马总统执政期间效果最显著的业绩，但同时也在美国国内引发了巨大争议，共和党希望借助美国最高法院的力量来推翻这个法案，由此引发了"伯韦尔案"。这个案件也被称为美国最高法院历史上具有浓重党争色彩的案件。参见"医改深度报告：美国平价医疗法案实施 6 年成与败"，网址：http://www.sohu.com/a/118194539_139908，最后访问时间：2018 年 2 月 16 日；另可参见"美最高法院 2015 日程出炉，两党均将挨棒"，网址：http://news.163.com/15/0110/08/AFJ9R7QS00014SEH.html，最后访问时间：2018 年 2 月 16 日。本部分主要围绕"伯韦尔案"中的行政解释问题展开讨论。

② 42 U.S.C. § § section 18031，18041.

③ § § 36B（b）-（c）.

④ 45 CFR § 155.20（2014）．"an Exchange serving the individual market……regardless of whether the Exchange is established and operated by a State or by HHS."

⑤ 该案发生时，只有 16 个州和华盛顿特区设立了州医保交易所，其余 34 个州都是设立的联邦医疗保险交易所。

来，原告就属于 ACA 所规定的低收入人群，无须购买强制保险。① 但是依据 IRS 所颁布的这个规定，原告仍然可以获得税收津贴。换言之，依据 IRS 规定，原告会被强制购买医疗保险。原告主张自己并不想购买医疗保险，由此提起诉讼。地方法院驳回了该诉讼请求，但第四巡回上诉法院支持了原告的主张，认为 ACA 的规定是模糊的，应当适用"谢弗林尊重"原则，对 IRS 的规定给予司法尊重。

该案判决中的一个重要问题是"谢弗林尊重"原则是否适用。法院在审理过程中确认 ACA 的争议条款语义模糊，那么按照我们对"谢弗林尊重"原则的理解，法院应当尊重 IRS 作出的行政解释。但是，法院在适用"谢弗林尊重"原则之前对"谢弗林第零步"提出了疑问，认为"谢弗林尊重"原则在本案中并不适用。理由是税收津贴的适用问题是 ACA 的关键性内容，具有重要经济意义或政治意义，对于法制建设具有深远的影响。如果国会意图将这种解释权赋予某一机构，即将如此重要的问题授予 IRS 来解释，国会必然要以明确的方式进行授权。而且 IRS 缺少制定医疗保险政策的专家，国会不可能将这个问题的解释权赋予 IRS。因此，对于该规定的解释是法院的任务。美国最高法院随后对 ACA 的争议条款提供了自己的解读。显然，法院回避了对 IRS 行政解释的实质审查，径直以该问题过于重大为由拒绝适用"谢弗林尊重"原则。

"伯韦尔案"的判决引发了学者们的讨论。② 尽管税收津贴确实对于

---

① ACA 要求个人强制购买医疗保险，否则需缴纳一定数额的罚金。但这种强制要求不适用于低收入人群。

② 斯卡利亚法官也对"伯韦案"的判决提出了异议："为维护 ACA，最高法院的判决甚至挑战了通常的法律解释方法。如今，最高法院正在修正 ACA 的内容，原本税收津贴仅适用于州交易所，但为保证 ACA 的顺利施行，最高法院将税收津贴适用于所有的交易所。我们应该将 ACA 称为'最高法院法案'。今天的判决解释不仅不合常理，更是骇人听闻。"参见 King v. Burwell, 135 S. Ct. 2480, 2485－98（2015）。

ACA 的医疗保险推广计划具有重要意义,[①] 但法院拒绝适用"谢弗林尊重"原则的理由引起了学界的质疑。

其一,有论者指出,"伯韦尔案"中法院援引了"公用空气调节集团案"来支持其论证。但"公用空气调节集团案"的讨论实质上围绕"谢弗林第二步"展开（行政解释的内容是否可以被允许），而没有涉及对"谢弗林第零步"的讨论（是否应当适用"谢弗林尊重"原则）。[②]

其二,"伯韦尔案"中法院断言国会不可能有授权意图,因此涉诉行政解释中的政策裁量不应适用"谢弗林尊重"原则。为支持这一判断,法院援引"俄勒冈州案"[③] 作为论据。但是,法院并没有沿袭"俄勒冈州案"中的判决逻辑。

在"俄勒冈州案"中,美国司法部部长颁布了一个解释性的规定:依据《受管制药品法案》(Controlled Substances Act,CSA),安乐死是不符合治疗目的的。[④] 事实上,这一法案旨在阻止俄勒冈州通过《尊严死亡法》(Death with Dignity Act)。《尊严死亡法》规定,在特定情形下,依法注册的医生可以遵照病人的要求开出致命剂量的管制药物。[⑤] 也就是说,在司法部部长颁布这一规定之后,该州的医生若对病人采取安乐死行为,可能会面临联邦刑事起诉。但法院拒绝尊重该行政解释,并驳回了司法部部长提出的适用"奥尔尊重"原则的申请,理由是司法部部

---

① "若法院支持原告的主张,即税收津贴仅适用于州医疗保险交易所,那么现有的 34 个设立了联邦交易所的州将全部无法享受税收津贴。可以预见的后果是,将有高达 800 万至 900 万人失去健康保险。因为多病人群的保险覆盖率远高于健康人群,私人市场的保险费用将上涨多达百分之五十。"参见 Nicholas Bagley,David K. Jones：*No Good Options：Picking up the Pieces after King v. Burwell*,载 *Yale Law Journal*,2015 年第 125 卷,第 13 - 30 页。

② 参见 Utility Air Regulatory Group v. EPA,134 S. Ct. 2427,2446 (2014)。在该案中,法院在判决理由中直言:"首先,我们开始讨论 EPA 的行政解释是否可被法院接受。"

③ Gonzales v. Oregon,546 U. S. 243 (2006).

④ Dispensing of Controlled Substances to Assist Suicide,66 Fed. Reg. 56,607,56,608 (Nov. 9,2001).

⑤ Or. Rev. Stat. § § 127. 800 - 127. 995.

长在颁布该行政解释时没有运用国会授予的职权。① 法院指出，依据 CSA，司法部长的职权很有限，只能对涉及"注册""控制""执行便利"的事项进行解释。② 这一解释性规则超越了司法部部长基于 CSA 而拥有的有限的解释权限。

从本质上来说，IRS 对医疗保险所作的解释，与美国司法部部长对安乐死所作的解释具有相似之处。但两个案子的不同点在于，"俄勒冈州案"中司法部部长的解释权限受到了 CSA 的严格限制，而"伯韦尔案"中 IRS 享有宽泛的解释权限。综合对比后不难发现：尽管"伯韦尔案"与"俄勒冈州案"的争议问题较为相似，但由于两个涉案行政机关所享有的解释权限截然不同，因此不宜将"俄勒冈州案"作为支撑"伯韦尔案"判决理由的论据。也正因如此，"俄勒冈州案"审查中，法院拒绝适用"谢弗林尊重"原则的决定对于"伯韦尔案"并无有效的借鉴意义。

其三，在"伯韦尔案"中，法院不仅拒绝适用"谢弗林尊重"原则，也回避了对于"斯基德莫尊重"原则的讨论。法院仅仅宣称"涉诉行政解释超出了 IRS 所获得的授权"，就终结了关于该行政解释是否能够获得司法尊重的讨论。③ 显然，法院想通过这种隐晦的方式表达对"斯基德莫尊重"原则的拒绝。这样的做法显然与"米德案"所确立的规则格格不入。倘若法院在原判决的基础上进一步对"斯基德莫尊重"原则的适用性进行讨论，IRS 的解释很有可能会获得司法尊重。尽管 IRS 缺少医疗保险方面的专长，但 IRS 曾与卫生和福利部及白宫方面合

---

① Oregon, at 268.

② 参见 Id. at 245（citation omitted）。法院在此以 FCC 所享有的宽泛职权作为参照物。美国 1934 年《通信法案》规定，为实现公共利益，FCC 可以制定相关的实施规则和条例。参见 47 U. S. C. § 201（b）。

③ Burwell, 135 S. Ct. 2480, 2489（2015）.

作设立了 ACA 的实施计划并制定了相应的规章制度，① 其所制定的条例也经由"通知 – 评论"程序而作出。由此推断，IRS 所作出的解释对于法院而言必然具有一定的说服力。

从这一点上来看，可以将"伯韦尔案"归入反对"谢弗林尊重"原则的案例。毕竟，在这个关涉重要问题的案例中，法院既未被行政机关的法定授权所打动，也没有对涉诉行政解释的实体内容进行考察，而是径直以法院自己的解读取代了行政机关的解释。

第三节　隐匿于司法审查背后的
美国行政法领域司法哲学演变

美国法院在审查行政解释时确立了诸多尊重原则，这些强弱各异的尊重模式是彼此共存、相互补充的；美国最高法院也一直在这些尊重模式中徘徊。但综合而言，总体的趋势体现为司法尊重的适用范围不断收缩，以"强尊重模式"著称的"谢弗林尊重"原则在其确立后数年间逐渐受到限制。在"谢弗林尊重"原则确立之初，布雷耶法官与斯卡利亚法官曾就这一模式产生争执：前者反对将"谢弗林案"的判决理解为"当国会立法出现模糊时，接受行政管理机构任何合理解释"的简单化

---

① 据报道，美国财政部、IRS 及白宫的相关人员曾进行定期会谈，共同商议起草条例的具体内容。参见 Lisa Rein: *Six Words might Decide the Fate of Obamacare at the Supreme Court*，载 *Wash. Post*，2015 年 3 月 1 日。网址：https://www.washingtonpost.com/politics/why – six – words – might – hold – the – fate – of – obamacare – before – the – supreme – court/2015/03/01/437c2836 – bd39 – 11e4 – b274 – e5209a3bc9a9_story.html? utm_term = . 9b00ba3fb36e，最后访问时间：2018 年 2 月 18 日。

态度;① 后者则认为这种简单化态度减少了法官的负担和他们容易犯的错误，应得到赞许。诚然，斯卡利亚法官的观点对其后的很多判决确实产生了影响，在一定程度上增强了税收、劳工、环保、食品与药物、公路安全等领域的行政管理机构通过解释法律制定政策的权力。然而，20 世纪 90 年代后，布雷耶法官的观点逐渐占据上风。美国最高法院在一系列案件中对"国会是否授予了行政管理机构以法律解释权"的问题逐一进行审理，或将"谢弗林尊重"原则的适用范围限制在行政管理机构经由正式程序而采取的具有法律效力的行动上，或裁定该原则不适用于涉及"重大问题"的案件。② 简言之，这两类裁决都或多或少地修正了"谢弗林尊重"原则将"行政管理机构法律解释权视为普遍适用"的简单化模式，"其结果是重申行政法方面的'马伯里案'原则，即法院才是法律的最终解释者"③。"米德案"和"沃尔顿案"等均是对此的现实回应。

事实上，"行政法就是一面时代的镜子，映照出它所运行于其中的社会生活的全貌"④。美国司法尊重姿态的发展演变，在一定程度上映射出这段时期内美国司法权与行政权交织缠绕、此消彼长的现实图景，也与美国行政法领域司法哲学的变动不无关系。或许，我们可以从司法哲学的变动中发现美国行政解释司法审查模式演绎背后的逻辑。

一、行政权扩张与国家权力结构重心转移

自 20 世纪以来，尤其是第二次世界大战以后，传统的民主模式和

---

① Stephen Breyer：*Judicial Review of Questions of Law and Policy*，载 *Administrative Law Review*，1986 年第 38 卷，第 363－398 页。

② Cass R. Sunstein：*After the Rights Revolution*：*Reconceiving the Regulatory State*，Harvard University Press，1990 年版，第 50 页。

③ 韩铁：《新政以来美国行政法的发展与司法审查的新领域》，载《史学月刊》，2008 年第 6 期，第 68－81 页。

④ 骆梅英：《新政后美国行政发展的重心流变：〈行政法的几个核心问题〉评介》，载《当代法学》，2009 年第 4 期，第 140－147 页。

国家权力结构受到了重大挑战。随着社会经济的迅速发展和社会整体化趋势的加剧，代议机关既受本身运作机制的限制，又因缺乏有效的手段，其获得社会信任和应对社会变革的能力均遭到怀疑。在此背景下，代议机关又通过立法将众多的权力授予其他机关，特别是行政机关，进而使得自身的权力不断受到压缩，行政权力空前膨胀。受此影响，代议机关至上或者代议机关权力中心的模式开始土崩瓦解，逐渐让位于以行政权为中心的行政国家，国家权力结构重心发生转移。[①] 而美国最高法院所确立的诸多尊重原则恰恰反映了"权力向行政部门转移"这一事实对法律思想和实践的影响。有学者甚至提出，"'谢弗林案'是20世纪从司法立法向行政立法转移的自然产物"[②]。

二、司法克制主义让位于司法能动主义

与此同时，为实现三权分立体制内的平衡与自洽、满足社会的需要，司法权也渐有增强的趋势，司法部门逐渐成长为与立法部门、行政部门平行的"第三巨人"[③]，以达到权力的平衡。由此，美国最高法院也逐步由原先的司法克制主义（judicial restraint）的遵循者转变为司法能动主义（judicial activism）的捍卫者。

司法克制主义与司法能动主义是两种不同的司法哲学。这一对概念

---

① 杨伟东：《行政行为司法审查强度研究：行政审判权纵向范围分析》，中国人民大学出版社2003年版，第10－11页。

② Cass R. Sunstein：*After the Rights Revolution：Reconceiving the Regulatory State*，Harvard University Press，1990年版，第50页。

③ "法院一旦面临上述两种形式——立法和行政的国家膨胀，便无法摆脱如下进退维谷之僵局。它们不得不在两者之间做出选择：（1）恪守19世纪对司法职能传统的、典型的限制；（2）上升至其他部门的高度，自身实际上成为'第三巨人'，以制约庞大的立法者和'利维坦式'的行政机构……美国这样的普通法国家，司法部门成为'第三巨人'毅然承担了超越传统的解决私人争议的角色。"参见［意］莫诺·卡佩莱蒂：《比较法视野中的司法程序》，徐昕、王奕译，清华大学出版社2005年版，第27－28页。

最早由著名的历史工作者、社会评论家亚瑟·斯科勒辛格（Arthur M. Schlesinger）提出。他将 20 世纪 40 年代美国最高法院的九位大法官分为"司法能动主义者"（judicial activists）、"司法克制的拥护者"（champions of self-restraint）和折中派（middle group）三类。① "所谓司法克制主义，指的是法院和法官对既定法律规则以及立法机关和行政机关应当保持尊重和谦抑姿态，远离立法功能；对含义明确的法律条文必须无条件遵守，对含义模糊的法律条文应采用严格主义的解释方法，不应掺入个人理解；对于自由裁量权的使用应当自我抑制，尽量避免介入存在争议的社会政治问题，以保持司法权的独立与安全。"② 对此，曾有美国法官戏言："我们做的最重要的事情，就是无为。"③ 布莱克大法官将司法克制主义定位为："我们已经回到了原初的宪法立场，也就是法院不应该用它们的社会和经济信仰来代替民选立法机构的判断。"④ 与之相对的，司法能动主义则是指："法官应该审判案件，而不是回避案件，并且要广泛地利用他们的权力，尤其是通过扩大平等和个人自由的手段去促成公平——保护人的尊严。能动主义的法官有义务为各种社会不公提供司法救济，运用手中的权力，尤其是运用将抽象概括的宪法保障加以具体化的权力去这么做。"⑤ 换言之，司法能动主义认为，不应严格局限于宪法条文的字面意义和立法者的原始意图消极地顺从立法，而应当

---

① 施嵩：《美国司法能动主义评析》，载《云南大学学报》（社会科学版），2009 年第 2 期，第 55 – 64 页。1959 年约瑟夫·C. 哈奇森法官首次在司法意见中运用这一术语来批评美国最高法院的几位奉行能动主义的大法官。自此，这一术语才正式进入司法领域并沿用至今。参见［美］肯恩·凯密可：《司法积极主义的起源和当代含义》，范进学译，载山东大学法学院法律方法研究中心：《法律方法》（第 11 卷），山东人民出版社 2010 年版，第 66 页。

② 程汉大：《司法克制、能动与民主：美国司法审查理论与实践透析》，载《清华法学》，2010 年第 6 期，第 7 – 19 页。

③ ［美］亚历山大·M. 比克尔：《最小危险部门：政治法庭上的最高法院》（第 2 版），姚中秋译，北京大学出版社 2007 年版，第 73 页。

④ Ferguson v. Skrupa, 372 U. S. 726, 730 (1963).

⑤ ［美］克里斯托弗·沃尔夫：《司法能动主义：自由的保障还是安全的威胁？》，黄金荣译，中国政法大学出版社 2004 年版，第 3 页。

密切关注现实社会的发展和需要，对抽象的宪法和法律原则进行创造性解释，及时地弥补既有法律和先例的漏洞与不足。司法克制主义与司法能动主义在根本立场上并不冲突，二者的区别主要集中于"法官在进行自由裁量时享有多大的自由或者受到多大的限制的程度问题"①。具体而言，"司法能动主义的维护者强调的是法官要'实现正义'的使命，从而倾向于轻视对司法权的限制，而倡导司法克制的人则倾向于强调在民主国家中对司法权所应该进行的限制，并试图通过各种方式对法官的自由裁量权进行限制"②。

美国最高法院在早年间恪守司法克制的中立立场，不愿对国会的立法活动或行政行为进行裁决，也拒绝为政府提供法律咨询。这种态度反映了美国法院当时的使命和信念，即要维护法律的公正和独立，避免过度干预政府的职能。"1793 年，华盛顿政府就外交事务中的国际法问题委托国务卿杰弗逊写信征求最高法院意见。5 名大法官联名回信拒绝，声称这样的'司法建议'与其司法职能是'不相符合'的。"③ 正是这种克制和谨慎的态度，确立了美国最高法院在国家政治体系中的稳固地位。

然而，自 20 世纪 60 年代起，美国最高法院开始走向"最积极的法院"④。沃伦法院时期（The Warren Court，1953—1969 年），司法活动呈现出明显的能动主义倾向。美国最高法院在这一时期将司法活动的焦点集中在对公民自由和权利的保护上，掀起了司法能动主义的一个高潮。

---

① ［美］克里斯托弗·沃尔夫：《司法能动主义：自由的保障还是安全的威胁?》，黄金荣译，中国政法大学出版社 2004 年版，第 2 页。

② ［美］克里斯托弗·沃尔夫：《司法能动主义：自由的保障还是安全的威胁?》，黄金荣译，中国政法大学出版社 2004 年版，第 2 页。

③ 程汉大：《司法克制、能动与民主：美国司法审查理论与实践透析》，载《清华法学》，2010 年第 6 期，第 7 - 19 页。

④ "从 1953 年到 2003 年的半个世纪里，美国联邦最高法院共判决 89 个国会立法全部或部分无效，其中沃伦法院 23 个，伯格法院 32 个，伦奎斯特法院 40 个，比以前同样的时段都多。"参见任东来、胡晓进等：《在宪政舞台上：美国最高法院的历史轨迹》，中国法制出版社 2007 年版，第 458 页。

沃伦法院极大地扩展了基本权利的种类，并且在很多有争议的领域制定了广泛的社会政策。由此，沃伦法院也成为美国历史上最能体现能动主义的法院，并且在美国政治和法律生活中留下了深远的烙印。这一时期更是被称为"公法两个伟大的开创时代之一"①。随后的伯格法院时期（The Burger Court，1969—1986年）延续了沃伦法院时期司法能动主义的风格。② 其后继任的伦奎斯特大法官虽奉行司法克制主义，但"在2000年的布什诉戈尔案中，却把司法能动主义发展到极致，用一纸判决将小布什送上总统的宝座，成功地解决了总统这一行政机关最高领导人人选争执的政治难题"③。也正因如此，伦奎斯特法院时期（The Rehnquist Court，1986—2005年）甚至被称为"美国历史上最积极主义者"④。

诚然，司法能动性不断加强，但美国社会中对美国最高法院的批评也越来越多。针对一些大法官继续沃伦法院的事业，有学者严厉指出，"法院现在真正改变了自己在美国生活中的作用。它们比以往更为强大，违背人民的意志，进入人民生活中，其深入程度超过了美国历史上的其他时候"⑤。为此，美国最高法院也相应作了改变。沃伦法院之后，美国

---

① "在美国公法上，有两个伟大的开创性时期，第一个是它的形成时代，当时马歇尔法院奠定了美国宪法的基础，赋予了成文宪法中所包含的宽泛的一般术语以具体内容，那时的司法使命是从宪法文本中设计适应进入新国家和新时代需要的主要法律学说；第二个伟大的开创时期是沃伦法院时代，当时的司法使命是追赶上20世纪社会急剧发展的步伐，为此，沃伦法院不得不扮演一种常常被认为是立法者而不是法官更适合的转型角色。在这一过程中，它对美国宪法的整个内容的大部分进行了重写。"参见［美］伯纳德·施瓦茨：《美国最高法院史》，毕洪海、柯翀、石明磊译，中国政法大学出版社2005年版，第288页。

② 王一：《司法能动主义的语境和语义考察：基于美国司法史的梳理》，载《绍兴文理学院学报》（哲学社会科学），2012年第1期，第35－41页。

③ 王一：《司法能动主义的语境和语义考察：基于美国司法史的梳理》，载《绍兴文理学院学报》（哲学社会科学），2012年第1期，第35－41页。

④ Thomas M. Keck：*The Most Activist Supreme Court in History*，The University of Chicago Press，2004年版，第205页。

⑤ Nathan Glazer：*Towards an Imperial Judiciary*，载 Public Interest，1957年秋季版，第106页。不少学者赞同这一观点。例如，"我坚信司法能动主义是一个不幸的现象，如果没有它，美国将变得更美好。"［美］克里斯托弗·沃尔夫：《司法能动主义：自由的保障还是安全的威胁?》，黄金荣译，中国政法大学出版社2004年版，第4页。

最高法院有所克制，司法能动主义也不再同从前一般冲动与张扬，而是更加审慎、温和与稳健，更加讲究分寸、策略与实效。因为美国最高法院已经认识到，"只有通过相对谨慎地微调历史发展的轨迹，最高法院才可能对美国现实生活产生最大的影响。相反，如果最高法院投身于那些旨在阻挡强大政治潮流、不顾一切的纲领性宣示，那只会把大法官们牢牢地限制在自以为是的观念内，只会自找麻烦，尤其是在下面的情况下：最高法院扭曲民意、不合时宜的企图引发了民众不满的浪潮，足以冲垮司法构建的大堤"①。有鉴于此，尽管司法能动主义仍占据上风，但在司法实践中，司法能动主义与司法克制主义呈现出相互补充的局面。在具体个案中，"法院和法官总是自觉不自觉地站在两个极端之间的某个位置上，在此时此案上倾向于克制，而在彼时彼案上倾向于能动，既不存在绝对的司法克制，也不存在绝对的司法能动"②。

三、回应与妥协：司法尊重的领域时有变动

现代行政国家中，行政权不断扩大，国家结构权力重心逐渐向行政机关倾斜。为应对这一现象，美国最高法院所坚持的司法哲学也发生了改变，从早期以司法克制为主导到后期司法能动占据主流位置，最终"美国的司法审查已由早期克制与能动的互斥式对抗阶段步入了互补式协奏阶段"③。尽管司法能动主义仍在美国司法体系中占据主导地位，但在司法克制主义的影响下，司法尊重日渐得到重视。

---

① ［美］罗伯特·麦克洛斯基：《美国最高法院》，任东来、孙雯、胡晓进译，中国政法大学出版社 2005 年版，第 173 页。

② 程汉大：《司法克制、能动与民主：美国司法审查理论与实践透析》，载《清华法学》，2010 年第 6 期，第 7 - 19 页。

③ 程汉大：《司法克制、能动与民主：美国司法审查理论与实践透析》，载《清华法学》，2010 年第 6 期，第 7 - 19 页。

概言之，司法尊重行政解释主要出于两方面原因。其一，反多数难题与民主正当性的需求促使美国法院在一定程度上尊重行政解释。反多数难题（the counter-majoritarian difficulty）意指非民选的法官通过司法审查宣布立法机关的法律违宪或宣布行政机关的行政行为违宪的做法，"背弃"了人民通过他们选出的代表所表达的意志。① 为回避这种质疑与指责，美国联邦法官们的现实选择就是在正常发挥司法审查功能的前提下，尽可能尊重行政机关作出的解释。有学者曾坦言，"对总统和国会的责任使得行政机关成为'现代政治偏好的特别精确的气压计'，因此相对于法院而言，行政机关有着更强烈的制度因素来作出政策决定"②。"谢弗林案"中，法院在判决主文中也坦言："没有民选的联邦法官有义务尊重那些有选民的行政官员作出的合法的政策选择。"③

其二，现代行政的复杂性与专业性迫使司法在特定领域中尊重拥有相对专长的行政机关的意见。与传统国家相比，现代国家已不再是只需要从社会的外部保障国民安全和自由交换秩序就足够了，而是为了实现特定的政策目的，更直接和积极地干涉经济活动，或为了从实质上保证国民的生活而广泛地提供各种服务的"福利国家"或"社会国家"。④也正因为如此，现代行政有着明显不同于传统行政的特点：第一，行政领域迅速扩展，行政的专业化和技术化进一步加强；第二，现代行政的高效性、技术性和灵活性大大增强了行政裁量范围和幅度，司法的控权作用在一定程度上被淡化；第三，在某些特定领域，司法权和立法权的外部控制，被行政系统内部的程序和政治性的控制逐步替代，行政过程

---

① 黄先雄：《司法谦抑论：以美国司法审查为视角》，法律出版社 2008 年版，第 45 页。

② Torrey A. Cope：*Judicial Deference to Agency Interpretations of Jurisdiction after Mead*，载 *Southern California Law Review*，2005 年第 78 卷，第 1327 – 1369 页。

③ Chevron v. Natural Resources Defense Council, 467 U. S. 837 (1984).

④ ［日］棚瀬孝雄：《纠纷的解决与审判制度》，王亚新译，中国政法大学出版社 1994 年版，第 251 页。

本身的正当性在不断增强。"现代行政行政涉及大量技术性和政策性的问题，需要借助行政机关的知识、经验和技能来解决。"①。因此，司法需恪守谦抑姿态、尊重行政解释，"对有关技术问题作出判断时必须特别谨慎，轻易不要替代行政机关作出某种实体判断"②。只有这样，才能保障现代行政国家的稳定与良好运行。

　　然而，回溯"谢弗林尊重"原则产生后数年间的司法尊重姿态变迁史可以发现，美国法院一直在试图限缩司法尊重行政解释的适用范围、扩大司法发挥作用的"疆域"。从最初的"谢弗林尊重"原则开始，美国最高法院虽然在"奥尔案"中确立了"超级尊重"标准，但很快就通过"克里斯滕森案"与"俄勒冈州案"对司法尊重范围进行了收缩；随后更是通过若干判例实现了"斯基德莫尊重"原则的复苏，并开创了若干尊重模式共存的新局面。结合前述美国司法哲学的演变过程，我们不难发现，这一现状无疑受到了 20 世纪后半叶司法能动主义深化的影响。由于司法克制主义日渐式微，司法机关作用的扩张，法院在越来越多的领域发挥着积极的作用。有鉴于此，法院开始通过"克里斯滕森案"等一系列案件收缩司法尊重的适用范围，并经由"米德案"及其后若干判例唤醒了沉默已久的"斯基德莫尊重"原则，重新确立了法律解释的主动权。由此，美国司法实现了从极端司法克制主义到司法能动主义占据主流的转变。

---

　　① 何海波：《论行政行为"明显不当"》，载《法学研究》，2016 年第 3 期，第 70 – 88 页。

　　② 吴英姿：《司法的限度：在司法能动与司法克制之间》，载《法学研究》，2009 年第 5 期，第 111 – 130 页。

第五章

思考与借鉴：建构政策裁量司法审查的理想框架

　　至此，我们已大致了解了政策裁量的内涵机理及其在司法实践中的运行状况，接下来的任务便是，在前述理论分析的基础上探索我国法院审查政策裁量的规范化路径，在借鉴经验的基础上，根据我国实际情况，建构本土化的政策裁量司法审查理想框架。

第一节　美国政策裁量司法审查机制与本土司法实践的龃龉与耦合

　　由于各国法律都体现了其独特的文化本质，① 为防止落入"南橘北枳"的困境，在借鉴美国司法审查经验之前，有必要仔细考察我国与美国在司法实践模式上的差异性，并据此进行适度修正，希冀为我国法院在面对行政解释中的政策裁量时提供可行的审查思路。本节从行政诉讼制度所体现的国家权力结构、行政机关行使行政权的正当性理由两方面着手，来厘清两国在法制背景上的差异，并以此为基础，建立起两类司法审查模式的对话空间。

一、基于不同国家权力结构的司法审查制度

　　"对于所有的行政法理论而言，其背后必然是以国家的相关理论为

---

　　① ［美］络德睦：《法律东方主义：中国、美国与现代法》，魏磊杰译，中国政法大学出版社 2016 年版，第 37 页。

基础。"① 显然，若想充分理解一国的司法审查制度设计及其生发土壤，必须回溯至国家权力结构理论与国家观念，从时代背景出发找寻答案。毕竟，"行政法的存在依赖于法治的政治构造，也就是法治国家的构造"②。具体而言，两类司法审查模式所展示的国家权力结构各自具有如下特性。

一方面，美国的司法审查制度建立在权力分立理论的基础上。洛克主张，可以将国家权力分为立法权、执行权和外交权。这一分权思想可以说是近现代三权分立理论的滥觞。孟德斯鸠随后继承并发展了这一设想。③ 孟德斯鸠提出，"一切有权力的人都容易滥用权力"，并且"有权力的人往往使用权力一直到遇有界限的地方才休止"④。为避免权力滥用，孟德斯鸠将国家权力三分为立法权、行政权和司法权，并分别设置了不同组织来行使。美国依据这一理论模型创建了三权分立和权力制衡的国家结构，其核心在于使不同国家机关之间彼此监督，以实现制约国家权力、保障公民权利与自由的"控权"目的。制衡理论也随之成为美国行政诉讼制度设计的生发土壤。沿着这一思考路径可知，权力博弈的结果是行政机关和立法机关同意法院通过司法审查行使监督权，以防止权力的恣意滥用。对此，有学者曾直言："在多数情况下，法院的司法审查权限是行政机关和立法机关赋予的。"⑤ 这一论断虽然略显夸张，但或多或少点破了司法机关在美国三权分立体制中的弱势地位。美国本土学者对此也直言不讳，指出美国最高法院"缺乏指挥钱袋与刀剑的权

---

① Harlow C., Rawling R.: *Administrative Law*, Weidenfeld & Nicolson, 1984 年版，第 1 页。
② 孔繁华：《行政诉讼性质研究》，人民出版社 2011 年版，第 48 页。
③ 孔繁华：《行政诉讼性质研究》，人民出版社 2011 年版，第 47 页。
④ [法] 孟德斯鸠：《论法的精神》（上卷），许明龙译，商务印书馆 2012 年版，第 154 页。
⑤ [意] 莫诺·卡佩莱蒂：《福利国家与接近正义》，刘俊祥等译，法律出版社 2000 年版，第 13 页。

力"①，"司法权威有赖于联邦政府力量的支持"②。

　　除权力结构上的式微以外，反多数难题也是美国法院所面临的一大困境。美国法院的法官均由任命产生，未经过选民选举程序，而立法机关（如议员）与行政机关（如总统）则由选民选举产生。因此，若法院经审理后认为立法机关制定的法律违宪或行政机关所作出的行政决定违宪，相当于背离了选民通过民选代表所表达的意愿。"司法机关于是就成了一个'反多数主义'的机关，有了强烈的反民主色彩。"③ 如此一来便形成了一个恶性循环：美国法院越是积极主动干预行政与立法的活动范围，就越容易遭受选民的诘问与责难。为解决这一难题，学者们纷纷献计献策，要求法院主动回避，低调行事。例如桑斯坦曾指出："法院的民主正当性低于民选的政治部门，因此法院在原则上只应扮演触媒或催化者的角色……就算法院有能力对某一重大争议问题提供答案，也应该避免以判决直接表明，而应该由政治部门去提出解决之道。"④

　　而在我国，"国家权力架构的理论根基可追溯至人民主权学说和民主集中制学说"⑤。人民主权理论的思想核心聚焦于人民与国家的关系上，即"国家是人民的共同体，国家的权力来源于人民，人民是国家的最高主权者"⑥。因此，尽管三权分立理论在我国国家结构理论中并无实质的"栖身之所"，但各权力机关之间的界限与职能分工仍是国家运行过程中必不可少的要素。《中华人民共和国宪法》第 140 条规定："人民

---

　　① ［美］阿奇博尔德·考克斯：《法院与宪法》，田雷译，北京大学出版社 2006 年版，第 14 页。

　　② ［美］罗伯特·麦克洛斯基：《美国最高法院》，任东来、孙雯、胡晓进译，中国政法大学出版社 2005 年版，第 165 页。

　　③ 黄先雄：《司法谦抑论：以美国司法审查为视角》，法律出版社 2008 年版，第 45 页。

　　④ ［美］凯斯·桑斯坦：《司法极简主义：一次一案的精神与民主政治》，商千仪、高忠义译，商周出版社 2001 年版，"序"第 12 页。

　　⑤ 黄先雄：《司法谦抑论：以美国司法审查为视角》，法律出版社 2008 年版，第 198 页。

　　⑥ 肖君拥、黄宝印：《人民主权宪法原则简论》，载《河北大学学报》（哲学社会科学版），2003 年第 1 期，第 61－67 页。

法院、人民检察院和公安机关办理刑事案件，应当分工负责，互相配合，互相制约，以保证准确有效地执行法律。"我国的人民法院与人民政府之间并不存在相互制衡或互相制约的机制，二者之间的关系主要表现为工作上的配合和监督。"只有公安机关、检察机关和人民法院在办理刑事案件中，才带有分权制约的关系。"①

在前面章节中，我们曾借用达玛什卡所创建的两种理想型的司法模式来分析我国法院在行政诉讼中的职能，并指出我国法院兼具政策实施和纠纷解决功能。正如有的学者所言，我国法院除法律纠纷裁判者的身份外，也是执政党政策执行者与国家活动管理者。② 各级法院的工作报告中"为经济建设保驾护航"之语便是典型例证。③ 显然，这样的司法角色与美国司法机关的弱势形成了鲜明对比。也正因如此，有学者指出，仅就"司法尊重"而言，美国法院选择司法尊重是立足于民主基础的考虑与监督制约的谋略，而我国法院选择谦抑姿态则更多是作为行政机关的"战友"而对既有政策加以维护。④

二、行政权行使的正当性机理差异

一般而言，美国公法学界公认的行政机关行使行政权的理论基础共有四类，分别为传送带模型、专家知识模型、利益代表模型以及尊严模型，具体内容如下。

---

① 杨士林：《试论行政诉讼中规范性文件合法性审查的限度》，载《法学论坛》，2015年第5期，第42-50页。
② 王旭：《行政法解释学研究：基本原理、实践技术与中国问题》，中国法制出版社2010年版，第286页。
③ 汪庆华：《政治中的司法：中国行政诉讼的法律社会学考察》，清华大学出版社2011年版，第61-62页。
④ 王旭：《行政法解释学研究：基本原理、实践技术与中国问题》，中国法制出版社2010年版，第282页。

（一）传送带模型

该理论模型将行政机关默认为一个纯粹的传送带，认为行政机关所作的行政决定只是在执行立法机关的授权与指令，并主张"除非有立法指令之授权，禁止行政机关侵害私人自由或财产"，其主要目的在于协调政府权力与私人权益之间的冲突。在传送带模型中，行政机关行使权力的正当性来自立法机关的授权。该模型的设计者认为，立法机关作为民选机关，可以通过立法指令向行政机关传递选民的意愿，由此达成选民对行政机关的实质控制。① "传送带理论解释有关行政权行使的正当化问题时，基本的出发点，乃是将行政权的行使与一般民主理论相结合，探究行政权是否从民意机关那里获得人民主权的传送。"② 尽管该理论在逻辑上畅通可行，但随着现代行政国家中行政任务的不断扩张、社会事务的复杂多变，传送带理论逐渐显得力不从心。③ 斯图尔特曾尖锐地指出，在行政立法大量兴起与行政裁量权被广泛应用的背景下，行政机关逐渐摆脱了立法机关通过宽泛授权来指挥的傀儡角色，传送带理论明显缺乏说服力。"在执行宽泛的立法指令时，行政机关不公正地偏向有组织的利益，尤其是那些受管制的或受保护的商业企业利益以及其他有组织集团的利益。"④

（二）专家知识模型

发现传送带模型失效后，斯图尔特开始转向专家知识模型与利益代

---

① 伍劲松：《行政解释研究：以行政执法与适用为视角》，人民出版社 2010 年版，第 221 页。

② 王锡锌、章永乐：《专家、大众与知识的运用：行政规则制定过程中的一个分析框架》，载《中国社会科学》，2003 年第 3 期，第 113–127 页。

③ 叶俊荣：《环境行政的正当法律程序》，三民书局 1997 年版，第 24–25 页。

④ ［美］理查德·B. 斯图尔特：《美国行政法的重构》，沈岿译，商务印书馆 2021 年版，第 24–25 页。

表模型的研究。专家知识模型理论的主要思路是在一定的行政管理领域内，集结大量的专业人才与信息，在行政活动中提炼行政决定的专业化理性知识，并以此来弥补立法授权不足的缺陷。但随着行政任务的不断升级，专家知识模型的弊端也逐渐显露。一方面，由行政专家组成的精英团队往往在行政决策的价值选择方面束手无策，无法有效解决各类社会性问题。另一方面，管制机关内的专家与受管制企业内的专家之间的利益勾连使得行政决策逐渐放弃了公益追求，转而为特定的利益集团服务;[①] 再加上公众对于专家精英阶层具有天然的抵触情绪。种种因素的影响下，专家知识模型的优势逐渐消失。

（三）利益代表模型

鉴于前两类理论模型的式微已无可避免，学者们开始探索研究前两类模型的内在缺陷，结论是：传送带模型与专家知识模型缺乏直接的民主性，这样的"民主赤字"直接导致了行政合法性危机。[②] 为弥补这一缺陷，学者们将民主原则引入行政法领域，从而构建了利益代表模型。这一理论模型支持行政参与，主张"受行政权力运行结果影响的利害关系人有权参与行政权力的运行过程，表达自己的意见，并对行政权力运行结果的形成发挥有效作用"[③]。但这一模型也存在一些弊端。例如有论者指出，利益代表模型所代表的行政民主化应是有限的，大众知识应作用于行政过程的正确领域，知识越界将会导致理性滥用。"在制度/结构不合理的情况下，大众参与或许也能够提供正当性资源，但在行政专家主导的行政程序中，过于集中的专家权力可能导致专家无能或权力滥

---

① 叶俊荣:《环境行政的正当法律程序》，三民书局 1997 年版，第 27－28 页。
② 田飞龙:《依法行政的宪法性调适：关于行政法治模式扩展的理论解释与方向探索》，载《南京大学法律评论》，2011 年第 2 期，第 42－57 页。
③ 周佑勇:《行政法的正当程序原则》，载《中国社会科学》，2004 年第 4 期，第 115－124 页。

用，并使大众知识得不到有效利用，大众参与沦为象征符号，甚至成为行政官僚推行非理性的行政规则的盾牌。"① 此外，为了规避可能出现的问题，如不同利益之间的对抗和冲突、行政机关在执行过程中倾向于偏向某种利益，以及随之而来的行政成本增加与效率低下等，行政机关在达成决策的过程中可能会回避或架空利益代表的参与权，"尽可能采用非正式的解释程序或者采用私法方法达成行政管理目的，造成利益代表机制的虚置"②。

（四）尊严模型

这是美国著名行政法学者杰瑞·马肖（Jerry Mashaw）提出的理论模型。他主张，行政权行使的正当性应与行政机关在日常管理活动中对个人尊严的重视挂钩。③ 不可否认，这种模式能够大大增进行政决策的人文关怀，提升行政权行使的民众接受度。然而，这一理论模型的薄弱点在于将个人尊严凌驾于行政决定的内容质量之上，并缺少具体可行的评判标准。

回到我国的行政行为理论，受传统文化与政治体制话语系统的影响，我国的行政机关从一开始便占据主导地位，"由于历史和现实的原因，中国法治化进程主要是政府主导，政府与社会互动的模式。在不排斥社会对法治推动力的前提下，政府在某些领域运用一定的强制力规制经济和社会的法治建设"④。当时我国行政法学界的制度设计以"依法行政"为核心，以"控权论"为指导。依法行政原则要求一切国家作用均

---

① 王锡锌、章永乐：《专家、大众与知识的运用：行政规则制定过程中的一个分析框架》，载《中国社会科学》，2003年第3期，第113－127页。
② 伍劲松：《行政解释研究：以行政执法与适用为视角》，人民出版社2010年版，第258－260页。
③ 叶俊荣：《环境行政的正当法律程序》，三民书局1997年版，第32页。
④ 孙笑侠、郭春镇：《法律父爱主义在中国的适用》，载《中国社会科学》，2006年第1期，第47－58页。

应具备合法性，以此实现保障人权与增进公共福祉之目的。具体而言有三项要求，即法律的拘束效力、法律优越原则与法律保留原则。① 仔细分析后可以发现，"依法行政"原则的内在逻辑与美国行政法学界所推崇的传送带模型理论具有相似之处，本质上都是"由政治民主过程支持的良善立法为行政机关提供全部的行为指令，并通过法院的司法审查保证行政机关对立法指令的个案性遵从而解释行政的正当性"②。不难想象，依法行政原则也遭遇了"瓶颈期"。"行政规则的大量存在所带来的'法'的泛化，导致'依法行政'弱化为'依规则行政'。"③ 这无疑为我国的传统行政行为正当化模型蒙上了一层阴影。

为尽快摆脱这一困境，学者们纷纷献计献策。有学者有针对性地提出了"开放反思的形式法治"概念。这一观点的思想核心在于，当面临疑难复杂问题时，具有开放、反思性质的公权力运作过程以及相应的合法性判断过程能够帮助行政机关找到一个令各方当事人都可接受的答案，以此来保障行政权形式的合法性。④ 有论者提出了"实质法治主义"路径。依据这一理论路径，对"合法"的解读应立足于实质合法基础，并将其扩充为一个包含实体与程序的统括性合法概念，如"是否符合制定法规定、是否满足行政裁量准则等"⑤。还有一种完善性建议是建构复合型的新行政法框架使行政正当性回归。具体步骤包括通过完善行政法律和有限强化司法审查来实现对行政权的进一步控制，达成强化版的依法行政模式；通过设计专家独立性的保障机制来增进行政过程的专家理

① 翁岳生：《行政法》（上册），中国法制出版社 2009 年版，第 184 页。
② 王锡锌：《行政正当性需求的回归：中国新行政法概念的提出、逻辑与制度框架》，载《清华法学》，2009 年第 2 期，第 100 – 114 页。
③ 王锡锌：《行政正当性需求的回归：中国新行政法概念的提出、逻辑与制度框架》，载《清华法学》，2009 年第 2 期，第 100 – 114 页。
④ 沈岿：《公法变迁与合法性》，法律出版社 2010 年版，第 34 页。
⑤ 何海波：《实质法治：寻求行政判决的合法性》（第 2 版），法律出版社 2020 年版，第 181 页。

性；通过引入公众参与来促进行政民主化。① 还有学者在协商民主的基础上提出了协商行政规制模式，主张在行政过程中引入行政相对人的真实参与，完善相对人对行政决定形成过程的信息认知。如此一来，既可以督促行政机关提升效率，又可以提升行政决定的可接受度，行政行为正当性困境也随之迎刃而解。②

　　通过上述比较分析可以发现，一方面，中美两国的行政法理论生长背景和发展脉络存在显著差异，国家权力结构截然不同；另一方面，两国对于行政权正当性回归的理想化设想存在不少相似之处。综合考虑，全盘复制美国司法审查原则与经验必然不可行，但这并不妨碍我们对其理论与实践经验作适度的借鉴及修正。正确的做法是，在立足我国现实国情的基础上，适度借鉴美国行政解释司法审查的司法理论与实践经验，构建符合我国现实需求的政策裁量司法审查理想机制。

第二节　建构我国政策裁量司法审查的理想框架

　　本节的任务就是观察政策裁量的司法审查情况，并在此基础上建构我国政策裁量司法审查体系的理想框架，以期为司法机关提供相对清晰的有益指引。对于理想概念类型，韦伯曾有过一段经典阐述："抽象的理想典型的形成，并不是作为目标，而是作为手段来考虑的。"③ 因此，这部分的研究将从理想化的政策裁量司法审查模式出发。

---

　　① 王锡锌：《行政正当性需求的回归：中国新行政法概念的提出、逻辑与制度框架》，载《清华法学》，2009 年第 2 期，第 100－114 页。
　　② 郑春燕：《现代行政中的裁量及其规制》，法律出版社 2015 年版，第 213 页。
　　③ ［德］马克斯·韦伯：《社会科学方法论》，李秋零、田薇译，中国人民大学出版社1999 年版，第 33 页。

《中华人民共和国行政诉讼法》第70条规定了六类行政行为司法审查的标准。① 乍一看这六类审查标准简单明了，但在实际适用中仍会存在不少模糊地带。第一个产生困扰的问题是法院在面对政策裁量时，这六类审查标准是否需要"轮番上阵"？答案当然是否定的。在前面章节的论证过程中，我们已经对狭义法律解释和政策裁量作了清晰的界定，并明确了政策裁量的实质焦点在于通过价值权衡使行政解释结论符合特定时期的公共政策要求。因此，在狭义法律解释的审查过程中事实标准与程序标准更能发挥其优势；而当面对政策裁量内容时，合法性标准、超越职权标准、滥用职权标准与明显不当标准更具有针对性。这也引发了对于政策裁量审查标准的第二个诘问：如何理解这四类审查标准之间的内在逻辑？在当下的研究领域中，合法性标准与合理性标准是行政法理论界所认可的两大类审查标准；超越职权标准、滥用职权标准与明显不当标准一般被视为合理性标准审查逻辑之下的子标准。此外，也有学者在研究过程中将思路从成文法条款拓展至实践中长期存在的审查方式，如考虑将相关因素纳入合理性审查的范畴。但是，这些子标准的内容存在些许重合之处，相互之间的区分也并非泾渭分明，这也给我们的研究工作增加了难度。

有鉴于此，本节将从"建构我国政策裁量司法审查体系的理想框架"这一目标出发，跳出既有研究思路的藩篱，以《行政诉讼法》第70条为基点展开研究。具体而论，在合法性标准与合理性标准的二分框架之下，针对包含政策裁量的行政解释的审查可以沿着以下路径进行。

---

① 《中华人民共和国行政诉讼法》第70条规定："行政行为有下列情形之一的，人民法院判决撤销或者部分撤销，并可以判决被告重新作出行政行为：（一）主要证据不足的；（二）适用法律、法规错误的；（三）违反法定程序的；（四）超越职权的；（五）滥用职权的；（六）明显不当的。"

一、探索政策裁量的生存空间

确定是否存在政策裁量空间，是法院在第一阶段的任务，也可以说是政策裁量司法审查的起点与终点。已知个案行政解释包含狭义法律解释与政策裁量两部分，然而当个案行政解释进入诉讼程序后，法院应如何应对呢？

如前所述，行政机关通过政策裁量来保证个案行政解释结果与当时当地的规制环境、发展目标相契合，是行政机关结合公益性与政治正确性所作的价值权衡过程。相对于狭义法律解释的"必修课"身份而言，政策裁量更接近于"选修课"。因此，当面对个案行政解释时，法院的首要审查任务是确定是否存在政策裁量的生存空间。具体而言，若经由狭义法律解释过程得出的行政解释结果已经足以应对个案情境中需要解决的难题，则行政机关无须进入政策裁量过程，即政策裁量的生存空间被压缩至无。相反，若行政机关运用狭义法律解释工具后作出的纯粹法律解释仍然无法回应现实问题的挑战，则行政机关需要进入政策裁量领域完成公共政策导向的价值权衡，以此来达成法条与现实问题之间的契合。

因此，狭义法律解释所得出的解释结论关系着政策裁量司法审查的进程，而对狭义法律解释过程的考察离不开合法性审查标准的助力。换言之，法院需要确认行政机关在狭义法律解释过程中得出的解释结果是否"合法"。合法性审查的困境在于"法"的确定，即如何确定狭义法律解释结果是在法条含义的覆盖范围之内。除运用狭义法律解释中的六类解释方法外（文义解释、体系解释、法意解释、比较解释、目的解释、合宪解释），学者们关于规范性文件审查路径的建议也可以为我们提供启发思路。可行的分析路径包括确定涉诉行政机关是否具有解释权限、涉诉的狭义法律解释是否符合法律保留原则、是否与上位法已规定的内容相抵触、是否违反法定程序、是否与有权机关已有的相关法律解释冲突等。[①] 在这一阶段，法院将会面对三种可能的结果。

其一，狭义法律解释结果不合法。显然，对于该个案行政解释的司法审查过程应到此为止，法院可以终结审查，没有必要考虑下一个阶段的政策裁量问题。

其二，狭义法律解释结果合法。但这也并不代表司法必然要进入政策裁量进行审查过程。更确切地说，此时法院还需要考虑狭义法律解释结果与当时当地的公共政策所映射的政治纲领及价值判断是否契合。倘若狭义法律解释结果已经传递出了涉诉法律条款所包含的价值追求，且该价值追求与行政机关所需考虑的政策纲领相匹配，说明行政机关在狭义法律解释阶段就已实现了利益权衡，已经对政策裁量过程作了适当回应，彰显了个案行政解释应有的利益权衡特质。在这种情况下，政策裁量所发挥的作用可以说是微乎其微。既然如此，那么法院也就无须再依赖政策裁量来发挥作用，无须再对个案行政解释中的政策裁量内容作重复审查，司法审查程序到此为止。

其三，还有一种可能的结果是狭义法律解释结果合法但未将当时当地的公共政策内容纳入考量范畴。这时，法院的审查过程就会呈现出另一种面貌。继审查狭义法律解释结果的合法性后，司法审查的触角还需延伸至行政机关的政策裁量过程，法院需进入下一个阶段来检视政策裁量的合理性，并在此基础上检视政策裁量的存在是否帮助行政机关在成

---

① 江必新、邵长茂：《新行政诉讼法修改条文理解与适用》，中国法制出版社 2015 年版，第 196 - 198 页；方世荣、宋涛：《行政执法主体对法律规范的非正式解释及司法审查》，载《国家行政学院学报》，2010 年第 6 期，第 53 - 57 页；俞祺：《上位法规定不明确之规范性文件的效力判断：基于 66 个典型判例的研究》，载《华东政法大学学报》，2016 年第 2 期，第 175 - 192 页；张浪：《行政规范性文件的司法审查问题研究：基于〈行政诉讼法〉修订的有关思考》，载《南京师大学报》（社会科学版），2015 年第 3 期，第 38 - 46 页。

文法条款的语义内涵与公共政策的价值选择之间实现了平衡统一。

二、检视政策裁量结论的合理性

沿着这一思考路径，在确认政策裁量的生存空间后，法院需要进入第二个审查阶段。由于社会事务多元复杂，为避免明显不当的行政解释，行政机关在政策裁量过程中需要履行个案考虑义务，斟酌个案中的所有情况，实现与个案相匹配的个别化。因此，在确认政策裁量的生存空间后，法院需要确定行政机关经由政策裁量后得出的解释结论是否符合现实需求，即政策裁量结果是否能通过合理性标准的"拷问"。

诚然，法院可以通过《行政诉讼法》第 70 条规定的"滥用职权"与"明显不当"这两类行政裁量实质性审查标准来检视政策裁量结果。但囿于"滥用职权"与"明显不当"的内涵外延不清晰，这两类标准在司法实践中均鲜少被使用。有学者对数百个案例作了统计分析后发现，仅有少部分案例适用了"滥用职权"标准。"比例如此之小，不免令人对滥用职权可以作为审查行政裁量的重要标准之说疑窦丛生。"[1] 此外，也有论者指出，大部分提及"明显不当"的判例，实际上指向其他审查标准。"'明显不当'在司法实践中的适用大部分与裁量无关，打着'明显不当'的招牌，实质上是指向行政行为证据不足、程序违法、法律适用错误、履行法定职责等其他审查标准。"[2] 若仅仅依赖这两类标准，司法机关难以对政策裁量结果进行准确判断。

一方面，"滥用职权"标准最早出现在 1989 年的《行政诉讼法》第

---

[1] 沈岿：《行政诉讼确立"裁量明显不当"标准之议》，载《法商研究》，2004 年第 4 期，第 27－37 页。

[2] 于洋：《明显不当审查标准的内涵与适用：以〈行政诉讼法〉第 70 条第（六）项为核心》，载《交大法学》，2017 年第 3 期，第 109－121 页。

54 条中，此后一直作为行政行为司法审查标准之一。然而，在过去数年间的司法实践中，滥用职权鲜少被法院选中作为审查标准。与此同时，滥用职权的具体内涵也颇受争议，学者们各执一词，纷纷从不同的角度出发对滥用职权的具体运用作了剖析整理，包括"违反目的、原则说"①"内容列举说"②"结果显失公正说"③"违反原则说"④"行政职权不规范或者超常规使用说"⑤ 等。混沌不清的内涵界定也增加了滥用职权标准的适用难度。在现有的案例中，法院在审查过程中往往将滥用职权标准与超越职权、事实不清、适用法律错误、违反法定程序等情形相混淆，即法院有意无意地对滥用职权标准作了广义理解，造成了这一标准在实践中的滥用。⑥ 由于行政机关在狭义法律解释过程中所运用的六类解释方法与其职能范围具有较为紧密的关联，因此"滥用职权"标准在狭义法律解释审查阶段的适用较之政策裁量过程更具有针对性与匹配度。

另一方面，2014 年《行政诉讼法》修订时，新增了"行政行为明显不当"审查标准。根据《行政诉讼法》第 70 条的规定，对于"明显不当"的行政行为，"人民法院判决撤销或者部分撤销，并可以判决被告重新作出行政行为"。而第 77 条第 1 款规定，对于"行政处罚明显不当，或者其他行政行为涉及对款额的确定、认定确有错误的，人民法院可以判决变更"。由于社会事务多元复杂，为避免明显不当的行政解释，

---

① 罗豪才、应松年：《行政诉讼法学》，中国政法大学出版社 1990 年版，第 250 - 251 页。

② 江必新：《行政诉讼问题研究》，中国人民公安大学出版社 1989 年版，第 272 - 276 页。

③ 胡建淼：《有关行政滥用职权的内涵及其表现的学理探讨》，载《法学研究》，1992 年第 3 期，第 8 - 14 页。

④ 朱新力：《行政违法与行政责任》，载应松年：《当代中国行政法》（下卷），中国方正出版社 2005 年版，第 1533 - 1535 页。

⑤ 关保英：《论行政滥用职权》，载《中国法学》，2005 年第 2 期，第 60 - 65 页。

⑥ 施立栋：《被滥用的"滥用职权"：行政判决中滥用职权审查标准的语义扩张及其成因》，载《政治与法律》，2015 年第 1 期，第 93 - 101 页。

行政机关在政策裁量过程中需要履行个案考虑义务，斟酌个案中的所有情况，实现与个案相匹配的个别化。而这一步的难点在于如何确定个案行政解释行政机关经由政策裁量过程作出的解释结论是否属于明显不当。

由此可知，在仔细斟酌"滥用职权"与"明显不当"这两类行政裁量实质性审查标准的适用性后可以发现，"滥用职权"标准更适合适用于狭义法律解释的审查阶段，而"明显不当"标准则需要在其他检视工具的协助下发挥作用。换言之，"滥用职权"与"明显不当"这两类标准对于政策裁量司法审查而言欠缺直接针对性。对比分析后可以发现，法院还可以借助比例原则、考虑相关因素、同案同判等可行的工具来"拷问"政策裁量结论的合理性，并对其中可能存在的不合理"病灶"进行精准定位。

首先，法院需要考察行政机关经由政策裁量过程作出的解释结论是否符合比例原则。比例原则在判断政策裁量结果是否合理的过程中颇具针对性与匹配度。学界通说认为，比例原则一般包括适当性原则、必要性原则和平衡性原则。[①] 适当性原则是指公权力行为的手段必须能够促成其所追求的目的；必要性原则要求在多种可能的适当手段中，选择最温和、对被限制对象干预最小的手段；平衡性原则，也称狭义比例原则，要求手段所追求的目标大于对基本权利造成的损害或者不利益。[②]因此，通过比例原则来观察行政解释中的政策裁量是否合理，其实质"拷问"在于：行政主体的政策裁量是否能够促成其所追求的行政目标；通过政策裁量得出的行政解释结论是否最温和、对被限制对象干预最小

---

① 杨登峰：《从合理原则走向统一的比例原则》，载《中国法学》，2016 年第 3 期，第 88 – 105 页。

② 参见 Pieroth/Schlink，a，a. O. S. 68f。转引自张翔、田伟：《"副教授聚众淫乱案"判决的合宪性分析》，载王利明：《判解研究》（2011 年第 2 辑，总第 56 辑），人民法院出版社2011 年版，第 170 页。

的行政手段；政策裁量内容能否满足利益衡量要求，即政策裁量结果所追求的目标与对相对人基本权利造成的损害或者不利益之间能否实现平衡。

其次，法院可以通过考查政策裁量结论的相关因素来达成合理性审查目标。"相关因素，是指与行政裁量的各环节或要素之间有着某种合理的关联性的各类因素。"① 究其本质，相关因素会对行政机关作出政策裁量的推理过程与质量产生一定的影响，能够保证行政行为基本上按照法律设定的目标方向作出有助于推进和实现法律所体现的特定目的和政策。② 通过观察和梳理已有的判决，我们可以了解到法院对于需要纳入考量范围的因素的认定姿态。有时，法院会概括性地指出行政机关应当予以考虑的因素。例如，在"王某萍诉河南省中牟县交通局交通行政赔偿案"③ 中，法院经审理后认为，当时原告拖拉机上载着 31 头生猪，被告在作出行政处罚决定时"未考虑按照常理应当考虑的因素"，因而判决被告对原告进行赔偿。而在另一些情境中，法院没有仅仅停留在笼统概括上，而是更进一步地讨论了个案中"相关因素"的详细内容。例如，在"侯某等诉上海市普陀区住房保障和房屋管理局物业区域划分案"④ 中，法院认为，被告行政机关在划分物业管理区域时，综合考虑了"同创大厦与同乐住宅小区在同一个规划设计中""其配套设施设备上存在共用性""小区的自治管理"等因素，因此被诉行政决定具有合理性。由此可见，法院在"检视政策裁量结论的合理性"审查阶段"拷问"政策裁量结论的相关因素时，其实质在于探索发现行政机关在作出

---

① 余凌云：《行政自由裁量论》（第 3 版），中国人民公安大学出版社 2013 年版，第 81 页。

② 余凌云：《行政自由裁量论》（第 3 版），中国人民公安大学出版社 2013 年版，第 81 页。

③ 中华人民共和国最高人民法院行政审判庭：《中国行政审判指导案例》（第 1 卷），法制出版社 2010 年版，第 90 页，第 18 号案例。

④ 中华人民共和国最高人民法院行政审判庭：《中国行政审判指导案例》（第 3 卷），法制出版社 2013 年版，第 139 页，第 108 号案例。

政策裁量过程中将哪些相关或不相关的因素纳入考量范围，以及这些因素对于政策裁量的推理过程与政策裁量的具体内容会产生何种影响。

此外，同案同判也是考查政策裁量内容是否具有合理性的可行性工具。正如博登海默指出的，"正义的一个基本原则要求就是，法律应当以相同的方法处理基本相似的情形"①。若行政机关在个案执法过程中面对相同或相似的个案事实时作出截然不同的决定，或者在法律适用过程中作出的行政解释差异过大，不仅不利于实现个案正义，还会在一定程度上减损行政相对人对行政机关的信任。而同案同判的关键就在于，行政机关需要继承延续在先的行政行为所采纳的解释逻辑与考虑因素。具体而言，行政机关在实践中可以通过遵循行政惯例与保持说明理由前后一致的方式来实现这一目标。行政惯例与行政机关的理由说明对于保证行政解释前后一致大有裨益。一方面，遵循行政惯例有助于增强法的连续性与稳定性。行政惯例经过长期的实践，"已经具有了跨事件、跨程序的反复适用效力，并作为具体行政行为的重要依据"②。另一方面，要求行政机关在说明理由的过程中维持前后一致也有助于强化行政惯例的约束力。"行政机关如欲偏离前案中的理由，做出不同的行政行为，则必须承担起罗列案件之间的相异点，以支撑不同利益衡量的举证责任。"③然而，由于当前的行政法规范尚无明确规定要求行政机关在书面行政决定书中说明理由，通过说明理由来约束行政解释的美好愿望恐怕难以实现。鉴于这种困境，此时一个可行的办法是将关注点集中于行政机关在诉讼过程中向法院递交的答辩意见，通过解读答辩意见中行政机关为自己所作的辩护（如被诉行政行为的依据与事实理由等），逐步界

---

① [美]博登海默：《法理学：法哲学及其方法》，邓正来、姬敬武译，华夏出版社1987年版，第496页。

② [法]莱昂·狄骥：《宪法学教程》，王文利等译，辽海出版社、春风文艺出版社1999年版，第31页。

③ 郑春燕：《现代行政中的裁量及其规制》，法律出版社2015年版，第226页。

定该行政解释在处理具体问题时的个性化努力，从而确定个案中的政策裁量内容是否有助于实现同案同判，同时等待行政过程中说明理由制度的设计与落实。

三、明确司法审查介入政策裁量的限度

在前两个审查阶段的基础上，法院在第三阶段的任务是确定是否需要尊重行政机关经由政策裁量所作出的解释结果。这一阶段的审查任务与政策裁量结论是否合理密切关联。在前面分析的若干案例中，司法干预政策裁量的界限似乎是摇摆不定的。有时，法院会出于一些顾虑（如政策裁量空间较小、避免过度干预地方政府的总体施政策略等）而选择尊重政策裁量内容；有时，法院则会细致斟酌政策裁量内容，必要时会放弃适用司法尊重原则，主动代替行政机关作出新的政策裁量内容，以保障行政良好运作。但深入剖析后发现，事实并非如此。

功能主义程序性审判模式认为，实体性判断专属于行政机关，而程序上的控制则交给法院。法院着重审查行政决定的程序、过程是否公正。[1] 根据这一主张，司法审查的目的在于维护客观的行政法律秩序和救济个人权利，法院的角色应始终限定为"公正的维护者"[2]。这一论点内含两个方面。一方面，法院的救济权能应当是被动消极的。换言之，法院应恪守其法律守护者的身份，防止过度入侵行政领域。此时，法院可以将行政过程作为观察对象，考察行政机关在整个法律解释阶段的活动过程。另一方面，行政机关在法律解释领域拥有相对专长，政策裁量过程可以看作行政机关面对纯粹价值判断问题时所作的自行抉择，全方位地展现了行政机关在价值权衡过程中的专业能力。承认行政机关在政

---

[1] 王贵松：《行政裁量的构造与审查》，中国人民大学出版社 2016 年版，第 77 页。
[2] 余凌云：《行政自由裁量论》（第 3 版），中国人民公安大学出版社 2013 年版，第 94 页。

策裁量阶段具有优先判断权，尊重行政机关的专业判断，是政策裁量司法审查的题中应有之义。因此，为了"使行政权的行使有一个足以控制社会秩序的基本效率"①，司法审查介入政策裁量的限度必须维持在一个值域范围内。②

　　除案例分析中揭示的因素外，行政专长和判断余地也会在一定程度上促使法院保持谦抑姿态。一方面，对于某些高度复杂或专业化的领域，行政机关具有远高于法院的事实认定能力，对于环境标准、产品质量等技术性强的领域则尤其如此③。另一方面，判断余地是德国行政法上的概念，意指法院应当充分尊重行政机关享有的"有限的决定自由空间"④。虽然我国法院没有明确提出过"判断余地"的概念，但在长期的司法实践中，各级法院都不约而同地在几个特定领域中收缩自己的审查领域。例如，当面对涉及风险预测的判断、高度人身性的专业判断（如考试结果评判）、专家委员会的判断等，法院会给予较大程度的尊重。⑤

　　综上所述，本书对于政策裁量理想框架的设想是希望建立一个有针对性的检验行政解释中的政策裁量的优化路径与梯度模型。此模型包含三个阶段：第一阶段和第二阶段审查涉及审查标准问题，即法院需要确定运用哪些方法来分析个案行政解释中的政策裁量结果的合法性与合理性；第三阶段涉及审查姿态问题，即如何把控司法介入行政解释过程及

---

①　章剑生：《现代行政法基本理论》（上卷，第 2 版），法律出版社 2014 年版，第 104页。

②　章剑生：《现代行政法基本理论》（上卷，第 2 版），法律出版社 2014 年版，第 104页。

③　周汉华：《论行政诉讼中的司法能动性：完善我国行政诉讼制度的理论思考》，载《法学研究》，1993 年第 2 期，第 13－20 页。

④　[德] 哈特穆特·毛雷尔：《行政法学总论》，高家伟译，法律出版社 2000 年版，第136 页。

⑤　王贵松：《行政裁量的构造与审查》，中国人民大学出版社 2016 年版，第 67 页。

政策裁量的界限与范围。

或许会有论者指出，上述政策裁量审查的理想框架有些类似于第三章提及的"谢弗林尊重"原则中所确立的两步法。确实，本章所确立的审查路径在方法上与"谢弗林两步法"具有相通之处。例如，在进入正式审查之前，需要确认是否已存在对于现实问题的明确回应（理想框架中的狭义法律解释过程与"谢弗林第一步"中的美国国会意图）；再如，法院需要根据"行政解释结果是否具有合理性"来确定是否对其予以司法尊重（理想框架中的政策裁量与"谢弗林第二步"中的可接受性）。但二者的关键区别在于，对于适用"谢弗林两步法"的司法机关而言，若美国国会已通过法律展示了其明确意图，则审查过程止步于此，法院需要根据法律作出决断。但本章所构建的政策裁量理想框架与此相反。对于涉及政策裁量的行政解释过程而言，若成文法条款语义明确，则仅仅意味着经由狭义法律解释过程得出的解释结论"合法"，但并不等于行政解释结果符合当时当地的公共政策。此时法院仍需考虑是否必须对政策裁量内容进行审查。由此可知，本章希望借鉴域外理论，形塑展望我国的政策裁量司法审查理想框架，通过分析美国的司法实践，为我国政策裁量司法审查过程中遇到的难题提供新的视角与解决思路，为司法机关今后面对类似问题时提供足够的知识资源，以真正实现"法律终止的地方是个案正义的开始"① 之理想。

---

① 余凌云：《行政自由裁量论》，中国人民公安大学出版社 2013 年版，第 3 页。

第六章

结　语

　　至此，我们已大致了解了政策裁量的内涵、运作机理及其在司法实践中的角色定位：第二章提炼了行政解释中的政策裁量的学理释义；第三章通过分析最高人民法院的系列案例，在实践层面上展示了我国法院审查行政解释中的政策裁量时的路径与现状；第四章以美国法院的实践为参照，揭示了美国法院在面对政策裁量时所展现的独特职能；第五章在理论分析的基础上探索我国法院审查政策裁量的规范化路径，试图建构我国政策裁量司法审查理想框架。

　　本书无意也不可能全面完成行政解释司法审查标准的分析与归纳，而是把焦点集中在政策裁量上，对这一传统行政法学研究经常提及，但甚少投入关注的领域进行深入探索。本书的研究旨在通过对个案行政解释过程内在构成的充分挖掘，增进研究者对狭义法律解释与政策裁量过程的了解，进而加强行政法学理论与公共政策之间的互动交流。与此同时，本书尝试以美国行政解释司法审查理论为借鉴，在此基础上构筑起我国政策裁量司法审查的分析框架和研究平台。在考察中美司法实践模式的差异性后，本书对美国经验作了适度修正，并在此基础上探索我国法院审查政策裁量的规范化路径，初步建构起我国的政策裁量司法审查三阶段理想框架，期冀为司法机关今后面对类似问题时提供足够的知识资源，在为我国行政法学基础理论研究添砖加瓦的同时，展现对现实社会问题的理性关怀。

　　法社会学研究集大成者埃利希曾倡议面向社会现实的研究："在当代以及任何其他的时代，法的发展的重心既不在于立法，也不在于法学或司法判决，而在于社会本身。"[1] 这一点获得了英国学者哈洛与罗林斯

---

　　[1] ［奥］欧根·埃利希：《法社会学原理》，舒国滢译，中国大百科全书出版社 2009 年版，"作者序"。

的积极响应。他们指出："行政法应与其行政背景同步。"① 因此，对我国行政法学理论的探索与思考，应当根植于我国宪法框架内的权力格局，以及政府与市场、政府与社会的关系定位，直面生发于本国的真实问题。如何为我国的法治建设探索一条合适的道路，是摆在我们每一位法律人面前的历史使命，也是笔者在本书写作过程中不断追问自己的命题。正是沿着这样的思考路径，本书逐渐形成了政策裁量基本原理的研究框架以及基于我国司法实践的政策裁量司法审查理想框架。

---

① ［英］卡罗尔·哈洛、理查德·罗林斯：《法律与行政》（上卷），杨伟东等译，商务印书馆 2005 年版，第 76 页。

参考文献

一、中文著作

［1］陈潭. 公共政策学［M］. 长沙：湖南师范大学出版社，2003.

［2］何海波. 实质法治：寻求行政判决的合法性［M］. 北京：法律出版社，2009.

［3］侯猛. 中国最高人民法院研究：以司法的影响力切入［M］. 北京：法律出版社，2007.

［4］江必新，邵长茂. 新行政诉讼法修改条文理解与适用［M］. 北京：中国法制出版社，2015.

［5］孔繁华. 行政诉讼性质研究［M］. 北京：人民出版社，2011.

［6］孔祥俊. 法律方法论（第二卷）：法律解释的理念与方法［M］. 北京：人民法院出版社，2006.

［7］李洪雷. 行政法释义学：行政法学理的更新［M］. 北京：中国人民大学出版社，2014.

［8］刘东亮. 行政诉讼目的研究：立法目的和诉讼制度的耦合与差异［M］. 北京：中国法制出版社，2011.

［9］沈岿. 公法变迁与合法性［M］. 北京：法律出版社，2010.

［10］汪庆华. 政治中的司法：中国行政诉讼的法律社会学考察［M］. 北京：清华大学出版社，2011.

［11］王贵松. 行政裁量的构造与审查［M］. 北京：中国人民大学出版社，2016.

［12］王旭. 行政法解释学研究：基本原理、实践技术与中国问题［M］. 北京：中国法制出版社，2010.

［13］翁岳生. 行政法：上册［M］. 北京：中国法制出版社，2009.

［14］伍劲松. 行政解释研究：以行政执法与适用为视角［M］. 北京：人民出版社，2010.

［15］杨建顺. 行政规制与权利保障［M］. 北京：中国人民大学出版社，2007.

［16］杨仁寿. 法学方法论［M］. 2 版. 北京：中国政法大学出版社，2013.

［17］杨伟东. 权力结构中的行政诉讼［M］. 北京：北京大学出版社，2008.

［18］应松年. 当代中国行政法：下卷［M］. 北京：中国方正出版社，2005.

［19］余凌云. 行政自由裁量论［M］. 3 版. 北京：中国人民公安大学出版社，2013.

［20］章剑生. 现代行政法基本理论［M］. 2 版. 北京：法律出版社，2014.

［21］章志远. 个案变迁中的行政法［M］. 北京：法律出版社，2011.

［22］郑春燕. 现代行政中的裁量及其规制［M］. 北京：法律出版社，2015.

［23］周佑勇. 行政裁量治理研究：一种功能主义的立场［M］. 2 版. 北京：法律出版社，2023.

［24］中华人民共和国最高人民法院行政审判庭. 行政执法与行政审判［M］. 北京：法律出版社，2003.

二、中文译著

［1］维尔. 宪政与分权［M］. 苏力，译. 北京：生活·读书·新知三联书店，1997.

［2］博登海默. 法理学：法哲学及其方法［M］. 邓正来，姬敬武，译. 北京：华夏出版社，1987.

［3］达玛什卡. 司法和国家权力的多种面孔：比较视野中的法律程序［M］. 郑戈，译. 北京：中国政法大学出版社，2015.

［4］恩吉施. 法律思维导论［M］. 郑永流，译. 北京：法律出版社，2013.

［5］拉伦茨. 法学方法论［M］. 陈爱娥，译. 北京：商务印书馆，2013.

［6］哈洛，罗林斯. 法律与行政：上卷［M］. 杨伟东，李凌波，石红心，等译. 北京：商务印书馆，2004.

［7］沃尔夫. 司法能动主义：自由的保障还是安全的威胁？［M］. 黄金荣，译. 北京：中国政法大学出版社，2004.

［8］斯图尔特. 美国行政法的重构［M］. 沈岿，译. 北京：商务印书馆，2021.

［9］络德睦. 法律东方主义：中国、美国与现代法［M］. 魏磊杰，译. 北京：中国政法大学出版社，2016.

［10］毛雷尔. 行政法学总论［M］. 高家伟，译. 北京：法律出版社，2000.

［11］黑尧. 现代国家的政策过程［M］. 赵成根，译. 北京：中国青年出版社，2004.

［12］棚濑孝雄. 纠纷的解决与审判制度［M］. 王亚新，译. 北京：中国政法大学出版社，2004.

［13］布雷耶. 法官能为民主做什么［M］. 何帆，译. 北京：法律出版社，2012.

［14］田村悦一. 自由裁量及其界限［M］. 李哲范，译. 北京：中国政法大学出版社，2016.

［15］韦德. 行政法［M］. 徐炳，等译. 北京：中国大百科全书出版社，1997.

［16］盐野宏. 行政法总论［M］. 杨建顺，译. 北京：北京大学出版社，2008.

三、中文期刊

［1］程汉大. 司法克制：能动与民主——美国司法审查理论与实践透析［J］. 清华法学，2010（6）：7–19.

［2］戴乾涨. 契合与冲突：社会效果司法标准之于司法公正——一个关于法律至上司法理念的话题［J］. 法律适用，2005（5）：31–35.

［3］邓栗. 美国行政解释的司法审查标准：谢弗林案之后的发展［J］. 行政法学研究，2013（1）：131–137，144.

［4］方世荣，宋涛. 行政执法主体对法律规范的非正式解释及司法审查［J］. 国家行政学院学报，2010（6）：53–57.

［5］伏创宇. 风险规制领域行政规则对司法的拘束力［J］. 国家检察官学院学报，2016（2）：84–97，174.

［6］顾培东. 中国法治的自主型进路［J］. 法学研究，2010（1）：3–17.

［7］关保英. 论行政滥用职权［J］. 中国法学，2005（2）：60–65.

［8］关倩. 法官视角中的能动司法［J］. 法律科学，2012（1）：28–35.

［9］何海波. 论行政行为"明显不当"［J］. 法学研究，2016（3）：70–88.

［10］胡建淼. 有关行政滥用职权的内涵及其表现的学理探讨［J］. 法学研究，1992（3）：8–14.

［11］胡敏洁. 专业领域中行政解释的司法审查：以工伤行政案件为例［J］. 法学家，2009（6）：126–133，157.

[12] 黄娟. 论行政法规范解释的司法审查：基于 90 个工商行政管理案例的分析 [J]. 华东政法大学学报，2012（6）：45 - 88.

[13] 季卫东. 最高人民法院的角色及其演化 [J]. 清华法学，2006（1）：4 - 20.

[14] 江必新. 在法律之内寻求社会效果 [J]. 中国法学，2009（3）：5 - 14.

[15] 姜明安. 论行政裁量权及其法律规制 [J]. 湖南社会科学，2009（5）：53 - 56.

[16] 孔祥俊. 论法律效果与社会效果的统一：一项基本司法政策的法理分析 [J]. 法律适用，2005（1）：26 - 31.

[17] 李国光. 坚持办案的法律效果与社会效果相统一 [J]. 党建研究，1999（12）：5 - 7.

[18] 李友根. 司法裁判中政策运用的调查报告：基于含"政策"字样裁判文书的整理 [J]. 南京大学学报（哲学·人文科学·社会科学），2011（1）：40 - 57，158 - 159.

[19] 梁芷铭. 政策裁量、政策性腐败与信息公开 [J]. 人民论坛，2010（8）：22 - 24.

[20] 刘东亮. 行政诉讼中的法律问题和事实问题 [J]. 浙江学刊，2006（2）：152 - 158.

[21] 刘燕. 走下"自由裁量权"的神坛：重新解读凯立案及"自由裁量权"之争 [J]. 中外法学，2002（5）：540 - 570.

[22] 骆梅英. 新政后美国行政法发展的重心流变：《行政法的几个核心问题》评介 [J]. 当代法学，2009（4）：140 - 147.

[23] 桑本谦. 法律解释的困境 [J]. 法学研究，2004（5）：3 - 13.

[24] 沈岿. 解析行政规则对司法的约束力：以行政诉讼为论域 [J]. 中外法学，2006（2）：170 - 185.

[25] 施立栋. 被滥用的滥用职权：行政判决中滥用职权审查标准的语义扩张及其成因 [J]. 政治与法律，2015（1）：93 - 101.

[26] 时飞. 最高人民法院政治任务的变化：以 1950—2007 年最高人民法院工作报告为中心 [J]. 开放时代，2008（1）：123 - 140.

[27] 司久贵. 行政自由裁量权若干问题探讨 [J]. 行政法学研究，1998（2）：

29 – 35.

[28] 宋华琳. 制度能力与司法节制：论对技术标准的司法审查 [J]. 当代法学，2008（1）：46 – 54.

[29] 苏力. 较真"差序格局" [J]. 北京大学学报（哲学社会学科版），2017（1）：90 – 100.

[30] 孙笑侠，郭春镇. 法律父爱主义在中国的适用 [J]. 中国社会科学，2006（1）：47 – 58.

[31] 谭清值. 公共政策决定的司法审查 [J]. 清华法学，2017（1）：189 – 206.

[32] 王发强. 不宜要求"审判的法律效果与社会效果统一" [J]. 法商研究，2000（6）：23 – 26.

[33] 王欢. 抽象行政行为司法审查制度探析 [J]. 湖南社会科学，2011（4）：72 – 74.

[34] 王庆廷. 行政诉讼中对其他规范性文件的审查 [J]. 人民司法，2011（9）：92 – 95.

[35] 王天华. 裁量标准基本理论问题刍议 [J]. 浙江学刊，2006（6）：124 – 132.

[36] 王锡锌，章永乐. 专家、大众与知识的运用：行政规则制定过程中的一个分析框架 [J]. 中国社会科学，2003（3）：113 – 127.

[37] 王锡锌. 行政正当性需求的回归：中国新行政法概念的提出、逻辑与制度框架 [J]. 清华法学，2009（2）：101 – 114.

[38] 王一. 司法能动主义的语境和语义考察：基于美国司法史的梳理 [J]. 绍兴文理学院学报（哲学社会科学），2012（1）：35 – 41.

[39] 温辉. 政府规范性文件备案审查制度研究 [J]. 法学杂志，2015（1）：9 – 21.

[40] 吴英姿. 司法的限度：在司法能动与司法克制之间 [J]. 法学研究，2009（5）：111 – 130.

[41] 肖君拥，黄宝印. 人民主权宪法原则简论 [J]. 河北大学学报（哲学社会科学版），2003（1）：61 – 67.

[42] 徐继敏. 我国行政诉讼全面审查制度再思考：法院对行政机关认定事实的态

度分析 [J]. 现代法学, 2004 (6)：93 - 98.

[43] 徐肖东. 行政诉讼规范性文件附带审查的认知及其实现机制：以陈爱华案与华源公司案为主的分析 [J]. 行政法学研究, 2016 (6)：69 - 83.

[44] 杨登峰. 从合理原则走向统一的比例原则 [J]. 中国法学, 2016 (3)：88 - 105.

[45] 杨士林. 试论行政诉讼中规范性文件合法性审查的限度 [J]. 法学论坛, 2015 (5)：42 - 50.

[46] 杨伟东. 法院对行政机关事实认定审查的分析比较 [J]. 法学研究, 1999 (6)：64 - 75.

[47] 叶必丰. 行政规范法律地位的制度论证 [J]. 中国法学, 2003 (5)：67 - 73.

[48] 于绍元, 傅国云, 陈根芳. 行政诉讼中的事实审与法律审 [J]. 现代法学, 1999 (5)：91 - 94.

[49] 余军, 张文. 行政规范性文件司法审查权的实效性考察 [J]. 法学研究, 2016 (2)：42 - 61.

[50] 余凌云. 公共行政变迁之下的行政法 [J]. 华东政法大学学报, 2010 (5)：86 - 95.

[51] 俞祺. 上位法规定不明确之规范性文件的效力判断：基于 66 个典型判例的研究 [J]. 华东政法大学学报, 2016 (2)：175 - 192.

[52] 张浪. 行政规范性文件的司法审查问题研究：基于《行政诉讼法》修订的有关思考 [J]. 南京师大学报（社会科学版）, 2015 (3)：38 - 46.

[53] 张文显, 李光宇. 司法：法律效果与社会效果的衡平分析 [J]. 社会科学战线, 2011 (7)：189 - 194.

[54] 章志远. 作为行政裁量"法外"依据的公共政策：兼论行政裁量的法外控制技术 [J]. 浙江学刊, 2010 (3)：143 - 149.

[55] 赵宏. 行政法学的体系化建构与均衡 [J]. 法学家, 2013 (5)：34 - 54.

[56] 郑春燕. 行政裁量中的政策考量：以"运动式"执法为例 [J]. 法商研究, 2008 (2)：62 - 67.

[57] 郑春燕. 行政任务取向的行政法学变革 [J]. 法学研究, 2012 (4)：17 - 20.

［58］周汉华. 论行政诉讼中的司法能动性：完善我国行政诉讼制度的理论思考 ［J］. 法学研究，1993（2）：13 - 20.

［59］周永坤. 对行政行为司法审查的范围：事实问题——一个比较的研究 ［J］. 法律科学，1996（5）：9 - 16.

［60］周佑勇，尹建国. 行政裁量的规范影响因素：以行政惯例与公共政策为中心 ［J］. 湖北社会科学，2008（7）：137 - 142.

［61］周佑勇. 行政法的正当程序原则 ［J］. 中国社会科学，2004（4）：115 - 124.

［62］朱芒. 规范性文件的合法性要件：首例附带性司法审查判决书评析 ［J］. 法学，2016（11）：151 - 160.

［63］朱新力. 论行政诉讼中的事实问题及其审查 ［J］. 中国法学，1999（4）：53 - 64.

四、英文著作

［1］SUNSTEIN C R. After the rights revolution：reconceiving the regulatory state ［M］. Cambridge：Harvard University Press，1990.

［2］EASTON D. The political system：an inquiry into the state of political science ［M］. New York：Alfred A. Knopf Publishing Group，1953.

［3］HARLOW C，RAWLING R. Administrative law ［M］. London：Weidenfeld & Nicolson，1984.

［4］LIPSKY M. Street - level bureaucracy：dilemmas of the individual in public services ［M］. New York：Russell Sage Foundation，1980.

［5］PIERCE R J. Administrative law ［M］. New York：Foundation Press，2008.

五、英文期刊

［1］SCALIA A. Judicial deference to administrative interpretations of law ［J］. Duke law journal，1989，3：511 - 521.

［2］SCHWARTZ B. Some crucial issues in administrative law ［J］. Tulsa law journal，1993，28：793 - 815.

［3］SUNSTEIN C R. Chevron step zero ［J］. Virginia law review，2006，92：187 - 249.

［4］KOCH C H. Judicial review of administrative policymaking ［J］. William & Mary law review , 2002, 44: 375 – 404.

[5] KOCH C H. Judicial review of administrative discretion [J]. George Washington law review, 1986, 54: 469 – 511.

[6] FARINA C R. Statutory interpretation and the balance of power in the administrative state [J]. Columbia law review, 1989, 89: 452 – 528.

[7] DILLMAN D L. The paradox of discretion and the case of Elian Gonzalez [J]. Public Organization Review, 2002 (2): 165 – 185.

[8] GOERING L E. The tailoring deference to variety with a wink and a nod to Chevron: the Roberts court and the amorphous doctrine of judicial review of agency interpretations of law [J]. Journal of legislation, 2010, 36: 18 – 90.

[9] BARNETT K H, WALKER C J. Chevron in the circuit courts [J]. Michigan law review , 2017, 116: 1 – 73.

[10] STRAUSS P L. "Deference" is too confusing, let's call them "Chevron Space" and "Skidmore Weight" [J]. Columbia law review, 2012, 112: 1143 – 1173.

[11] STEWART R B. The reformation of American administrative law [J]. Harvard law review , 1975, 88: 1667 – 1803.

[12] PIERCE R J. How agencies should give meaning to the statutes they administer: a response to Mashaw and Strauss [J]. Administrative law review , 2007, 59: 197 – 205.

[13] BREYER S. Judicial review of questions of law and policy [J]. Administrative law review, 1986, 38: 363 – 398.

[14] MERRILL T W. The mead doctrine: rules and standards, meta – rules and meta – standards [J]. Administrative law review, 2002, 54: 807 – 834.

[15] COPE T A. Judicial deference to agency interpretations of jurisdiction after mead [J]. Southern California law review, 2005, 78: 1327 – 1369.

后 记

　　本书是在我的博士学位论文基础上修改和完善而成的，见证了我从博士研究生到高校青年教师、从法科学生到预备役公法学者的身份转变。本书的选题得益于恩师郑春燕教授的启发。在写作过程中，我也得到了众多师友的指导与帮助。由于书稿中的部分章节曾先后发表于《政治与法律》《行政法学研究》《河北法学》《东南法学》《行政法论丛》等期刊，因此可以说，各位编辑老师与审稿专家对本书的出版也给予了诸多支持。与毕业答辩时的版本相比，本书对行政裁量以及政策裁量的思考都有了进一步拓展。就此而言，本书既是对过往求学阶段的一次总结，也是激励我未来继续深入研究的一个新起点。

　　对政策裁量的研究兴趣最初来源于"百日攻坚战"活动、"控烟执法督查"活动等新闻。在这些类似事件中，行政解释的背后都隐藏着政策裁量的影子。当前，我国行政机关所面对的行政任务复杂多变，政策裁量或直接或间接地在行政解释中扮演着重要的角色，对行政决定具有一定的引导作用。在导师郑春燕教授的指导下，我对相关现象及其背后的法理作了系统梳理与深入分析。分析显示，尽管行政解释在我国行政法学界已经不是一个新鲜的话题，但现有的研究成果主要关注集中解释领域中的行政解释（行政规范性文件），而忽视了现代行政国家语境下已广泛存在的个案解释（行政决定），而且很少有学者从规范的角度对个案行政解释中的政策裁量作深入探索和剖析。这也促使我萌生了对政策裁量及其司法审查作进一步研究的想法。

　　基于上述问题，我尝试将重点放在探讨政策裁量在行政解释中的功能角色及其司法审查路径上，并回答：面对行政解释中的政策裁量，法院的审查权力究竟能够延伸至何处？具体而言，内容结构方面，将"行政解释"视为观察政策裁量的窗口，同时以法院在监督行政体系中的地位及其权力为主线来安排。编写过程中，基于对我国司法审查现状的初步考察，结合研究目的，主要围绕以下内容展开研究。首先，行政解释是行政机关解决疑难问题的治理工具，而政策裁量是现代行政国家中行政解释的重要组成部分，为使论证更为聚焦，重点关注行政解释中的政策裁量部分。其次，尽管政策裁量本身反映了行政解释对复杂社会现实的回应，但其存在可能影响行政解释结果的正当性，因此需要对政策裁量进行适当的审查。于是，尝试从行政解释的政策裁量部分切入，观察我国司法在整个权力架构中的独特定位，探索我国法院在面对行政解释中的政策裁量时的审查路径与审查强度。最后，为增强分析的完整性与说服力，适当选取了美国行政解释司法审查的相关内容作为论证对象，揭示两种制度背后的某种共识。

本书在论证过程中，将司法审查思路与司法尊重强度结合起来，二者相互印证，旨在建构一个兼具理论性与实践性的本土化政策裁量司法审查理想框架。然而，必须承认，学海无涯，个人能力有限，最终呈现的作品在论证的完整性与成熟度上还有许多有待完善的地方。但就理论创新性而言，本书似乎仍具备一定的独特性。因此，我依然大胆地将自己尚显稚嫩的思考付诸出版。

回顾过去十余年，有欢笑，有痛苦，有拼搏，有迷茫，付出了很多，收获也不少。纸短情长，除了感谢还是感谢。

感谢博导郑春燕教授的谆谆教诲。本科毕业后，我有幸拜入郑老师的门下，常沐师恩。那时候我对科研的理解仅仅停留在本科阶段接触的几篇学术论文上，对于博士阶段的科研任务也有些不知所措。当时恰逢郑老师在耶鲁大学访学，虽然工作繁忙，但郑老师仍坚持每月与我们定期召开视频会议。不知怎么，郑老师察觉到了我的"不用心"，特意在邮件中叮嘱我要认真对待科研。记得那是一个春末夏初的工作日下午，正当我无所事事地看节目时，收到郑老师的邮件，犹如警钟，这封邮件让我意识到了科研的重要性和紧迫感。在读博期间，郑老师认真严谨的工作理念和乐观豁达的人生态度也让我受益良多。在学习上，郑老师毫不吝啬地给予我指导，从研究框架到具体内容，再到标题的选择和文字的表述，她都耐心细致地为我解答。除此之外，郑老师还给我提供了丰富的实践机会，包括参与组织筹备大型中美国际研讨会、文集编写和课题研究等。在这些活动中，我所学到的，不仅仅是"智"，更多的是"慧"：做事之智，做人之慧。学高为师，身正为范。仰之弥高，钻之弥坚。我时常回想起郑老师的那封邮件，五年直博时光让我得以感受到郑老师的修养与智慧，以及由内而外散发的独特个人魅力，包括思维的深度、心灵的温度、事业的高度、生活的态度。

感谢博士后合作导师余凌云教授的悉心指导。博士毕业后，我有幸在余老师的指导下继续深入学习与研究。余老师对我的研究工作提供了极大的支持，给我创造了良好的研究环境，并且总是从更高的视角启迪我，鼓励我拓展思维。"余门"每周举行的团队例会与读书会提供了真诚的反馈和批评，更是让我受益匪浅，其间偶然迸发的思维火花让我耳目一新。例如，当时我将"行政裁量的实质性审查"作为研究主题，研究内容主要集中在案例分析与细致解读上，而较少涉及精深的理论分析和系统性的理论建构。这一不足在早期研究中暴露无遗。余老师针对我研究中的误区逐一进行了指正，并鼓励我要继续深入探讨相关问题。除进行基础性的学理研究外，余老师也指导我参与了国家社科基金重大项目、世界卫生组织与清华大学法学院合作项目等重要科研项目。余老师乐观开朗、和蔼可亲，他对学生的关心与宽容、对学术研究的严谨态度，都对我产生了深远的影响，也成为我日后指导学生的重要准则。

感谢章剑生教授的教导与鼓励。章老师开设的"行政法案例评析"课程以及"行政法判例研读会"不仅是我在研究和写作领域的启蒙，更让我受益匪浅。特别是在我有幸旁听的314课程中，章老师严谨的学术态度和深厚的法学底蕴令我深感敬佩。在撰写博士论文的过程中，我曾面临核心概念界定的困扰。在反复思索未果后，我决定向章老师请教，并将我内心的疑惑如实告知。章老师耐心地为我逐一解答，并鼓励我继续深入探讨这个问题。在他的指导下，我对"政策裁量"这一重要议题有了更加全面的理解，同时逐渐意识到之前的研究在基础理论分析方面的不足，意识到一些相似概念之间界限仍然模糊。在后来的研究中，我开始有意识地补齐这一短板。章老师以自身行动向我们展示了作为学者应具备的冷静、专业与独立的品质。正如他所言，"一等人闲云野鹤，两件事读书写字"，章老师的严谨治学态度值得我终身学习与追寻。

在学习成长的道路上，我特别想向何海波教授、胡敏洁教授、李洪雷教授、宋华琳教授、王贵松教授、王敬波教授、王青斌教授、熊樟林教授、余军教授、章志远教授、朱新力教授等众多专家学者表达诚挚的谢意。前辈们的鼓励与指导时常激励着我，给予我这个初出茅庐的新人极大的信心和勇气。

同时，我也获得了许多挚友的帮助。感谢赵丽君博士、张咏师妹、木亮靓师妹、唐俊麒师妹时常为我加油打气，在我遇到困难时，她们总是乐于分享有益的观点，给我带来启发。感谢黄锴师兄，博士期间我常常厚着脸皮请他帮我评阅个人习作，师兄不仅欣然接受，还经常给予我详细且实用的修改建议。感谢韩宁师姐，刚入学时，我常常向师姐请教上课时听不懂的内容，师姐总是耐心地通过长篇邮件来解答我的疑惑，并附上了许多极具参考价值的文献资料。感谢梁艺师姐、蒋成旭师兄、张亮师兄、贾圣真师兄、石肖雪师姐，他们总是不遗余力地帮助我，并分享写作经验。感谢徐大闯博士在我留学期间帮助分担了许多日常事务。感谢郭兵师兄、胡棕瀚师兄、魏星师姐、徐梦飞师兄、胡若滨博士、沈广明博士、王好博士以及所有在之江一起学习的师兄弟姐妹们。

特别感谢林淡秋博士、周许阳博士、张文博士、谭清值博士和于洋博士，他们在我撰写毕业论文期间给予了极大的鼓励与支持。感谢温馨、罗冬韵、戴丽群、郭维克等好友在成长岁月中给予我的陪伴。尽管有些事只能一个人做，有些关也只能一个人闯，但朋友们的支持让我更有力量。

感谢我的外婆林先娟女士。外婆将我抚养长大，在我的成长过程中给予了无私的关爱与支持，她身上展现了中国传统女性坚韧和勤奋的品质。从牙牙学语的孩童到如今年近不惑，外婆的温暖和关怀始终是我前进的动力。尽管外婆对我的研究并不了解，也不明白我为何总是忙于"写论文"，但每次电话中她那句"家里一切都好，不用挂念"总会让我感到安心。感谢父亲黄永昌先生与母亲史彩芬女士。没有天哪有地，没有地哪有家，父母为我撑起了一片温暖的天空。感谢舅父史敏杰先生与舅母吴迎女士，多年来舅父舅母将我视如己出，关爱有加。感谢所有在我成长过程中帮助过我的亲人。感谢我的爱人徐建博士，同窗九年，相守十余年，因为有你，才有了今天的我。

感谢北京交通大学法学院的领导和同事们的支持与鼓励，感谢出版社领导和编辑老师给予的帮助。书稿虽已完成，但对行政裁量和政策裁量的深入思考并未停止。我将以此为新的起点，在未来的岁月中继续努力。

不久，外婆将迎来八十大寿，希望能够将这本书作为献给外婆的心意之礼。

黄琳

2024 年 7 月于红果园